COISA DE MENINO?

UMA CONVERSA SOBRE MASCULINIDADE, SEXUALIDADE, MISOGINIA E PATERNIDADE

CB051971

PAPIRUS DEBATES

A coleção Papirus Debates foi criada em 2003 com o objetivo de trazer a você, leitor, os temas que pautam as discussões de nosso tempo, tanto na esfera individual como na coletiva. Por meio de diálogos propostos, registrados e depois convertidos em texto por nossa equipe, os livros desta coleção apresentam o ponto de vista e as reflexões dos principais pensadores da atualidade no Brasil, em leitura agradável e provocadora.

CONTARDO CALLIGARIS

MARIA HOMEM

COISA DE MENINO?

UMA CONVERSA SOBRE MASCULINIDADE, SEXUALIDADE, MISOGINIA E PATERNIDADE

PAPIRUS 7 MARES

Capa | Fernando Cornacchia
Fotos de capa | Max Calligaris e Maressa Andrioli
Transcrição | Nestor Tsu
Coordenação e edição | Ana Carolina Freitas
Diagramação | Guilherme Cornacchia
Revisão | Laís Souza Toledo Pereira

Dados Internacionais de Catalogação na Publicação (CIP)
(Câmara Brasileira do Livro, SP, Brasil)

Homem, Maria
Coisa de menino?: uma conversa sobre masculinidade, sexualidade, misoginia e paternidade / Maria Homem, Contardo Calligaris. – 1. ed. – Campinas, SP: Papirus 7 Mares, 2025. – (Coleção Papirus Debates)

ISBN 978-65-5592-057-4

1. Homens – Aspectos psicológicos 2. Homens – Atitudes 3. Homens – Comportamento 4. Masculinidade (Psicologia) 5. Misoginia 6. Paternidade – Aspectos psicológicos 7. Sexualidade I. Calligaris, Contardo. II. Título. III. Série.

25-249768 CDD-155.332

Índices para catálogo sistemático:

1. Homens: Comportamento: Psicologia aplicada 155.332

Aline Graziele Benitez – Bibliotecária – CRB-1/3129

1ª Edição – 2025
1ª Reimpressão – 2025

Exceto no caso de citações, a grafia deste livro está atualizada segundo o Acordo Ortográfico da Língua Portuguesa adotado no Brasil a partir de 2009.

Proibida a reprodução total ou parcial da obra de acordo com a lei 9.610/98.
Editora afiliada à Associação Brasileira dos Direitos Reprográficos (ABDR).

DIREITOS RESERVADOS PARA A LÍNGUA PORTUGUESA:
© M.R. Cornacchia Editora Ltda. – Papirus 7 Mares
R. Barata Ribeiro, 79, sala 316 – CEP 13023-030 – Vila Itapura
Fone: (19) 3790-1300 – Campinas – São Paulo – Brasil
E-mail: editora@papirus.com.br – www.papirus.com.br

Sumário

N.B. Na edição do texto foram incluídas notas explicativas no rodapé das páginas. Além disso, as palavras em **negrito** integram um **glossário** ao final do livro, com dados complementares sobre as pessoas citadas.

Um falo parasita

Contardo Calligaris – Antes de começar, vamos contar como surgiu a ideia deste livro?

Maria Homem – Claro.

Contardo – Quando lançamos *Coisa de menina?*,* fizemos uma quantidade grande de conferências e debates públicos pelo Brasil afora. E aconteceu mais de uma vez de alguém nos perguntar se não iríamos escrever o *Coisa de menino?*.

* *Coisa de menina? Uma conversa sobre gênero, sexualidade, maternidade e feminismo*. Campinas: Papirus, 2018. (N.E.)

Maria Homem – Aliás, isso nos foi perguntado logo na primeira entrevista que demos quando *Coisa de menina?* foi lançado. O primeiro jornalista, que era homem – nosso primeiro *feedback* do livro –, disse assim: "A leitura é fluida, é ótima, aprendi muito. Mas eu ficava o tempo todo me perguntando: e o menino? Quando vai sair *Coisa de menino?*". A ideia nasceu assim, de um dos primeiros leitores.

Contardo – Uma das coisas divertidas, aliás, do nosso périplo para falar de *Coisa de menina?* é que a realidade sempre nos ajudou. Quer dizer, a cada semana tínhamos uma palestra e também uns dois ou três ou cem fatos de crônica que eram um bom pretexto para começar a falar e chegar a um resultado diferente do que havíamos feito na semana anterior.

Maria Homem – Falar de crônica significa falar da vida tal como ela é. A realidade.

Contardo – De todo tipo. São fatos importantes para pensar um pouco qual é a posição do homem – não só a potencialidade masculina, mas o que os homens realmente são, com todo o seu lado mais sinistro. Eu me lembro que estávamos apenas começando as nossas viagens para falar do nosso primeiro livro quando um bispo evangélico, proprietário de meios de comunicação, alguém que deveria ter uma responsabilidade social, portanto, decidiu nos ajudar ao declarar que suas filhas não iriam para a universidade, apesar de todo o dinheiro que ele tem. Ele certamente não teria dificuldade alguma em pagar a faculdade para elas, mas, enfim, não podem ir, não devem, porque elas são mulheres.

Maria Homem – "Homem é quem tem que ser cabeça", disse ele. Essa fala já vale como um início interessante para o nosso livro: "Homem é a cabeça, homem tem que ser a cabeça".

Contardo – Nós vivemos em um país onde um presidente* pode fazer piada dizendo que teve filhos homens e depois uma menina porque deu "uma fraquejada".

Maria Homem – E ele conseguiu ser eleito e é chamado de mito, inclusive, por dizer esse tipo de coisa e outras do gênero, como apologia à tortura e derivados. Será que o mundo não avançou? Eu diria que sim, a ponto de algumas pessoas se angustiarem de maneira tal que precisem falar: "Homem é a cabeça". É uma fantasia, um delírio! Mas há vozes no espaço público que ainda produzem afirmações desse naipe. E acrescento: se você é tentado por esse tipo de afirmação, leia o nosso livro; e se você tende a pensar o oposto, leia o nosso livro. Porque o mundo mudou, mas é

---

* A conversa que deu origem a este livro aconteceu no início de 2020. (N.E.)

difícil a acomodação da mudança subjetiva, política, social. A mudança é com dor, não é sem angústia.

Outro ponto que acho interessante para começar nossa reflexão é o seguinte: toda a nossa cultura está calcada em cima do que chamamos de "enigma do feminino". **Freud** mesmo, em grande medida, foi responsável por convidar todos a pensar: afinal, o que quer uma mulher? O que é uma mulher? Ele nomeou o feminino como o continente negro – o espaço nebuloso, labiríntico, enevoado, algo a ser descoberto. O problema desse tipo de raciocínio é que ele deixa, então, a névoa e o obscuro do lado do feminino. E o homem seria o quê? Naturalizado? Claro? Esclarecido? Óbvio? Simples? Dizemos assim: homem tem um cérebro, no máximo dois, e a mulher, todos aqueles labirintos. Os desenhos de masculino e feminino sempre colocam toda a complexidade e o enigma do lado da mulher. E acho que este livro que começamos agora se pergunta sobre isso e diz: erramos ao buscar universalizar, naturalizar e tomar o homem como dado *a priori*. Porque o homem é tão complexo quanto a mulher. E que universo é esse, tão peculiar, do masculino? Diga-me: o que é um homem? O que quer um homem, Contardo?

Contardo – Eu começaria com um dado inicial: existe algo comum a homens e mulheres que é a experiência do bebê que fomos. Até o segundo ano de idade, vamos dizer, existe um trabalho de aprendizado do corpo. Todo mundo que lidou com bebê masculino ou feminino, ou que teve um filho ou uma filha, viu, sem dúvida, aquela criança levantar o braço, olhar para ele, olhar para a própria mão, virá-la... O bebê vai aprendendo que o corpo é dele – o que não é óbvio.

Maria Homem – E, se ele não aprende, é a loucura.

Contardo – Claro. O bebê aprende que, curiosamente, é ele que faz sua mão virar, por exemplo. Esse tempo de aprendizado do corpo foi estudado de mil maneiras diferentes. Tem toda a problemática da formação da subjetividade a partir do controle diante do espelho, para nos darmos conta de que o que fazemos é o que aparece lá, é aquela imagem. Nesse sentido, podemos citar o trabalho de um grande psicólogo, **Wallon**, que depois foi retomado por psicanalistas como **Lacan**. Mas me basta aqui lembrar a ideia básica de que existe, realmente, um trabalho quase inicial da subjetividade humana, em geral, que é esse aprendizado do controle do corpo. Nesse trabalho inicial, seríamos todos iguais, salvo que, um pouco mais tarde, o homem vai lidar muito mais do que a mulher com uma dificuldade. Explico a seguir.

Todos temos órgãos internos que não controlamos, a começar pelo coração. Do contrário, não morreríamos nunca – ou talvez morrêssemos muito antes da nossa hora...

Enfim, o fato é que, diferentemente da mulher, o homem tem um órgão externo e visível que ele não controla, que é o pênis. O menino não demora a perceber isso. Ele começa a se masturbar muito cedo, se dedica imensamente a conhecer esse órgão, mas não consegue controlá-lo. O homem tem ereções que não são voluntárias, que não são previstas. O contrário também acontece, é claro. Com o passar do tempo, o homem não só tem ereções involuntárias, como também brochadas involuntárias. Ele não tem previsão nem controle daquele órgão, o qual, aliás, é extremamente valorizado pelos adultos. A começar pela mãe, que valoriza aquilo de maneira espetacular: é o "pintinho" do seu menino ou o "pintinho" ao quadrado – o "pintinho" do seu "pintinho". O pênis é valorizado pelos dois pais, na verdade. E por toda a cultura. É um atributo muito valorizado do corpo masculino e que o homem não controla.

Maria Homem – Vou fazer um parêntese que também retoma o nosso outro livro. Lá, nós falamos desse conceito de falo. Falamos de pênis ereto, e que, na verdade, haveria não somente pênis, mas duas posições: "pau duro" e "pau mole". Existe esse órgão que está lá como lugar do corpo e é movimentado pelo outro – normalmente, supõe-se um outro objeto de desejo: uma mulher, segundo o imaginário mais comum. Inclusive, falamos sobre isso quando discutimos a grande misoginia ocidental etc., que é justamente o ódio pelo objeto de meu desejo, o qual me seduz e me descontrola. Aí, um leitor e colega da psicanálise – e várias pessoas comentaram essa passagem, isso rendeu muito "pano para manga" – disse assim: "Eu achei incrível isso que vocês falaram, só que eu diria que não há só o pau duro e o pau mole. Tem uma coisa que é o pau duro que fica mole e tem o pau mole que fica duro. Tem a transição. Tem esses lugares intermediários que são muito enigmáticos para a gente. Que, às vezes, são muito angustiantes". Ou seja, o próprio movimento desse objeto não se dá sem uma pergunta, não é sem angústia: "Como assim? Por que esse negócio está duro? Por que está mole? Por que perdi a ereção?". Existe sempre uma sensação do que se está recebendo ou perdendo no meio disso. E, então, esse meu colega disse que é como se fosse um "pau parasita". Como se houvesse um estrangeiro dentro de você – ou em você, ou sobre você. É um órgão sempre estrangeiro. Essa é uma peculiaridade do ser menino que é diferente da experiência feminina. Por mais que a excitação feminina possa também ser involuntária, o órgão feminino, seja ele a vagina ou o clitóris (na verdade esse ecossistema clitóris-vagina), dificilmente é percebido pela mulher como autônomo ou mesmo estrangeiro ao próprio corpo dela.

Contardo – Sim, parece que é na gravidez que a mulher sente algo comparável à experiência do homem com seu pênis – a sensação de ser habitada por outro ser. Agora, é por causa dessa estranha experiência masculina que o pênis se tornou um objeto cultural extraordinário. Quando na metade do século XVIII foram retiradas as cinzas da cidade de Pompeia,* a cada esquina ou quase havia uma imagem de Príapo, que é um jovem com um pênis enorme em ereção. Príapo é o deus do pênis. No universo clássico – que é um universo eventualmente machista, mas não misógino –, a ereção é uma espécie de esperança social. Se nas esquinas da cidade havia afrescos de Príapo, aquilo manifestava uma esperança: esperava-se que funcionasse, pedia-se ao deus do pênis que ele fizesse funcionar o nosso – se possível, na hora certa.

Maria Homem – É por isso que o pênis se tornou um objeto de culto e veneração em tantas culturas. O fato de não controlarmos plenamente o seu modo de funcionamento o transforma em um deus: é ele que nos controla e, por isso, devemos venerá-lo.

Contardo – Sobre isso, ainda vale muito a pena ler o clássico de Hargrave Jennings *Phallic objects, monuments and remains* (1889), e mais ainda o livro de George Ryley

---

* Cidade do Império romano, fundada por volta do século VII a.C., foi soterrada após a erupção do vulcão Vesúvio no ano 79. Ficou oculta até 1748, quando foi encontrada durante escavações. Os dejetos do vulcão protegeram as construções de Pompeia e seus objetos dos efeitos do tempo. (N.E.)

Scott *Phallic worship: The complete account of the connection between the eroticism of all the races of mankind and their religious rites* (1966). A gente entende como, em quase todas as culturas, o pênis se torna uma divindade, justamente por ser um órgão "rebelde".

Agora, a vagina também foi venerada, e desde tempos muito remotos, tanto como matriz (símbolo de fertilidade e que, assim, podia se tornar uma divindade, cultuada para que ela nos fosse favorável) quanto talvez como fonte de prazer sexual. Mas esse segundo atributo do órgão feminino se perdeu quase completamente no mundo cristão.

Maria Homem – Nancy Qualls-Corbett, uma analista junguiana, escreveu um lindo livro chamado *The sacred prostitute: Eternal aspects of the feminine* (1988),* sobre a figura da prostituta sagrada na Antiguidade e o quanto essa figura constituía uma presença reconhecida da sexualidade feminina. O livro começa justamente com uma análise de achados arqueológicos muito antigos de figuras femininas com hipertrofia da vagina, justamente. São estatuetas de quatro ou cinco mil anos atrás.

Contardo – Serve para nos lembrar que o ódio pelo feminino nem sempre esteve ao centro da cultura ocidental.

---

* *A prostituta sagrada: A face eterna do feminino*. São Paulo: Paulus, 1997. (N.E.)

E isso aconteceu exatamente por uma transformação específica do grande projeto de autocontrole. Nascemos muito mais prematuros do que os outros mamíferos, passamos por uma longa e laboriosa jornada para aprender a controlar minimamente nosso corpo e acabamos concluindo, por assim dizer, que o controle de si é um valor e que o protótipo da conduta moral deve ser o autocontrole.

Maria Homem – Vou fazer uma pergunta para provocar um pouco: por que você usa prioritariamente o verbo "controlar"? "O bebê tentando *controlar* o seu corpo"? Você não poderia dizer também "o bebê tentando *conhecer* o seu corpo"?

Contardo – Não é só conhecer.

Maria Homem – Por que ele não iria querer se conhecer? Por que não tem essa liberdade poética de um brincar sem função, como se o conhecimento já fosse subsumido por uma necessidade pragmática de controle?

Contardo – Primeiro, um certo controle é indispensável em uma porção de situações. Para a própria ação motora, temos que conseguir controlar as coisas: poder pegar a mamadeira, poder, em um dado momento, pegar a colher, o garfo e a faca. O controle vai se tornando crucial e, logo depois, temos o controle esfincteriano, urinário, fecal...

Maria Homem – Sim, nós usamos essa expressão: controle dos esfíncteres. Mas, agora, conversando com você neste minuto, estou me dando conta do quanto temos uma ansiedade de ver o processo já terminado, dominado. Chamamos de controle dos esfíncteres, mas, na verdade, trata-se de todo um desenvolvimento, até o bebê aprender a andar. E não sei se o bebê tem que controlar o corpo para aprender a andar. Ele vai tateando e, assim, aprende. Ele poderia só ir vendo como as coisas se desenrolam no seu ser. Porque ele vai tendo atrito com o chão, com o espaço, com a cadeira, vai se apoiando. Ele vai aprendendo o que pode. Os seus neurônios aprendem.

Contardo – Concordo, a descrição e o entendimento do desenvolvimento não precisariam recorrer à ideia de um autocontrole progressivo, mas o fato é que, culturalmente, é a ideia de controle que se impõe. Tanto que a moral do autocontrole e do autogoverno se estabelece como o sonho moral comum. É próprio aos estoicos e aos epicureus. É também a moral do monge budista ou do monge zen – uma ambição de controle do corpo que permite ingerir uma vez por semana não sei quantos metros de gaze e depois tirá-la de lá, tendo assim lavado o estômago, ou que permite ficar meditando por horas sem se mexer.

Claro, a ideia de que o controle do corpo seja um ideal moral não é só masculina, mas é relativa, principalmente, à posição masculina, justamente porque na posição masculina sobra algo evidente, manifesto – o pênis –, que não conseguimos controlar. Enfim, é por isso que o autogoverno e o autocontrole se tornam fundamentais na maioria das culturas.

Maria Homem – É a ideia de poder mesmo, de controle, de *kratos*, de força que se impõe.

Contardo – Sim. Tanto mais que aquilo que não conseguimos controlar em nós se transforma em controle dos outros. É simples. Se eu não consigo controlar a minha homossexualidade, vou fazer o quê? Abrir campos de concentração para homossexuais como em Cuba* ou em qualquer outro lugar do mundo onde isso aconteceu. Na verdade, do que falam esses lugares? No caso de Cuba, isso deveria falar do fato de que **Fidel Castro** e **Che Guevara** nunca conseguiram transar juntos, imagino. E, por causa disso, foram perseguir homossexuais cubanos.

---

* Nos anos 1960, durante o regime de Fidel Castro, foram criadas em Cuba unidades militares para onde eram enviados homossexuais e outros suspeitos de condutas consideradas antissociais. À entrada de tais unidades, lia-se a seguinte frase: "O trabalho os fará homens". (N.E.)

Maria Homem – Ou porque conseguiram e isso foi muito difícil de encaixar no ideal de virilidade do homem revolucionário.

Contardo – É isso, o fracasso do autocontrole leva a tentar pelo menos controlar os outros. Agora, voltando à nossa história, nos quatro primeiros séculos do cristianismo, é encontrada uma espécie de solução ao conflito entre o ideal de autocontrole e a volubilidade do órgão masculino. A cultura ocidental, de repente, promove uma incrível e inédita repressão da sexualidade que não acontece em nenhum outro lugar. A gente se esquece disso. Os templos de Khajuraho, na Índia, relativamente perto de Nova Déli, são inteiramente revestidos de esculturas eróticas de homens e mulheres transando a dois, a três, a quatro, a cinco... E eram templos públicos no século X! Imagine no século X da Europa fazer imagens assim. Qualquer catedral românica ou gótica poderia ter sido aquilo, um monumento ao prazer sexual. Não foi. Mas a arte erótica chinesa e japonesa, do século XVI em diante (mas com origens bem mais antigas, por exemplo, no Japão, no período Heian,* 500

O fracasso do autocontrole leva a tentar pelo menos controlar os outros.

* Período entre 794 e 1185, marcado pelo renascimento cultural do Japão. (N.E.)

anos antes disso), fazia parte da vida cotidiana. Exatamente como era o caso na Roma Antiga ou na Grécia. Como era o caso em Pompeia, com aqueles afrescos de Príapo nas esquinas. E não eram só os afrescos de Príapo; as escavações encontraram todo tipo de imagens eróticas. E a solução foi a seguinte: reuni-las em um "inferninho" (fechado) do museu de Nápoles e declarar que, claro, aquelas imagens tinham sido encontradas nos numerosos prostíbulos de Pompeia. Ou seja, a solução foi afirmar que o erotismo era, no mundo romano, tão segregado quanto no nosso mundo. Tivemos que esperar até o historiador John Clarke catalogar, dois séculos depois, todos esses achados arqueológicos, indicando onde cada um tinha sido encontrado na cidade de Pompeia.* Descobriu-se, assim, que o erotismo estava em toda parte, em casas e vilas, nada segregado.

Maria Homem – Ou seja, éramos muito, mas muito mais livres em relação à nossa sexualidade. Pergunto-me o que será que nos assustou tanto...

Contardo – Sim. E o poeta mais popular da época, em Roma, que era **Ovídio**, escreve o quê? *A arte de amar*, que, no fundo, era a arte de transar. Não tinha nada a ver com

---

* *Looking at lovemaking: Constructions of sexuality in Roman art, 100 B.C.-A.D. 250.* Berkeley: Univ. California Press, 1998.

Petrarca e **Dante Alighieri**, era a arte da transa, não do amor cortês e irrealizado pela dama. Era como um *Kama Sutra* – talvez até melhor do ponto de vista poético. Mas de repente, na cultura ocidental, tudo isso se torna absolutamente tabu. Tanto que, quando Pompeia foi descoberta, exumada, no fim do século XVIII, praticamente toda essa parte erótica foi sepultada novamente, para que ninguém a visse. Ainda nos anos 1980, eu tive uma dificuldade tremenda para conhecer certas casas de Pompeia onde havia afrescos eróticos, porque era necessário escrever para o Ministério* meses antes da visita, mostrar que você tinha uma pesquisa em curso, uma série de razões, enfim. O mortal comum italiano, alemão, brasileiro que fosse lá, que pagasse o ingresso, não tinha direito a ver isso, porque aquilo não podia ser mostrado para homens, mulheres, crianças ou cachorros. Por quê?

Maria Homem – Essa é a nossa pergunta: por quê? E é incrível como a história faz e deixa documentos, mas nem sempre estamos maduros para lê-los. Sequer encontrá-los. É como em uma análise: várias operações de recalque, corte, defesa, transcrições. Mas uma coisa é certa: o que foi ocultado aparece no sonho. Tudo grifado – "hieroglifado",

* Ministério dos Bens Culturais da Itália. (N.E.)

melhor dizendo. A cultura faz igualzinho, como revelam todas essas atrapalhações.

A cultura tem grande força de destruição, mas, ao mesmo tempo, sempre sobra um resto, que revela justamente todo esse nosso esforço de recalque, de defesa. A história de Pompeia é linda nesse sentido – e triste. Como temos medo! Que espécie assustada esta nossa. O homem pode ser um bicho muito covarde. E, ao mesmo tempo, veja que lindo: em algum momento, alguém passou por esse processo kafkiano de fazer o pedido burocrático ao senhor ministro para poder ver e narrar. Então, não tem como esconder.

Contardo – A solução que o cristianismo inventou foi original, única. Para entender como funcionou (e funciona ainda), um bom exemplo é a indagação sobre as poluções noturnas, ou seja, as ejaculações involuntárias durante o sono. O homem tem tão pouco controle do seu órgão sexual que ele pode ficar excitado e gozar no meio do sono.

Maria Homem – Que falo parasita é esse!

Contardo – Realmente, é uma traição máxima e incessante! Já somos traídos por nosso corpo, que funciona, vive, adoece, morre etc. sem que a gente tenha muito a ver com isso. Era só o que faltava, sermos traídos por nossa mente, por nosso desejo, não é? A descoberta de que realmente não estamos pilotando o barco da nossa subjetividade é uma ferida narcisista irremediável.

E é sempre do lado da sexualidade que essa perda de controle nos afeta mais. Eis um exemplo que é fascinante justamente pelo teatro do absurdo, pela desproporção entre a questão levantada pelos teólogos e a necessidade de discuti-la no momento. Em torno de 590, o papa Gregório, o Grande, se preocupa com os cristãos da Inglaterra. De fato, são séculos escuros para a Igreja; pela Europa afora, o paganismo resiste ao extermínio que lhe é proposto, e os cristãos se perdem em lutas intestinas. Nesse momento mais que delicado, Gregório, ao se despedir do bispo Agostinho de Cantuária (não confundir com Agostinho, o filósofo de dois séculos antes), entrega um memorando sobre uma questão de interesse e que deveria ser decidida naquele momento, a saber: quem seria responsável pelas eventuais ejaculações noturnas, que podem acontecer no sono? De onde vêm? De fora de nós? Gregório estava a um passo de se questionar sobre isso e talvez de responder como Freud quinze séculos mais tarde, quando ele propõe o conceito de inconsciente: ao mesmo tempo o mais íntimo e o mais "estrangeiro" em nós. Como diria Lacan, inclusive, o "êxtimo".*

---

* Para saber mais, ver https://permanencia.org.br/drupal/node/2523.

Maria Homem – De qual deus, demônio ou anjo decaído? Qual a conexão disso com as estrelas?

Contardo – As estrelas não eram problema deles, na verdade. Esses daí só acreditavam em deus e um pouco no demônio, embora a ideia do diabo propriamente dito tenha se consolidado só bem mais tarde.

Maria Homem – Estrela foi uma metáfora para dizer da desimplicação subjetiva máxima. É curioso como temos dificuldade de nos implicar com aquilo que nos acontece, mesmo sendo em nosso próprio corpo. Então, partimos para hipóteses de forças causais que nos transcendem, como anjos, demônios, deuses, estrelas, enfim, algo o mais distante possível de nós mesmos. E talvez mais curioso ainda seja o fato de hoje, século XXI, ainda existir um dispositivo subjetivo chamado "sessão de descarrego", no qual buscaríamos justamente nos livrar dessas forças externas a nós, que teriam nos invadido e temporariamente nos dominado. Levou séculos, mas hoje, ao menos em algumas fatias de nossa mentalidade, podemos falar de uma subjetividade não metafísica, mas do inconsciente de cada um, seus desejos, seus desvarios... E até de suas tentativas de repressão e controle.

Contardo – Pois é, e no fundo o primeiro passo da solução cristã para o problema – é ridículo, mas adequado falar assim – do descontrole do órgão masculino foi reprimir o sexo como tal. Não era a única solução possível, mas essa foi a solução cristã. Assim, se temos governantes e políticos* hoje dizendo que a solução para a gravidez das meninas adolescentes é a abstinência sexual, esse é o modelo de pensamento cristão por definição. A solução seria essa.

Também é o mesmo modelo quando temos um educador se queixando de que as universidades ensinariam nossos jovens a praticar "sexo sem limites".** Quem dera, hein? A ideia dupla atrás dessa queixa é que: 1) a moral é a arte de proibir, sobretudo os prazeres (na verdade, ganharíamos muito se pensássemos que a moral é a arte de autorizar e permitir o que não precisa ser proibido) e 2) o primeiro prazer que deve ser limitado é o sexual.

Maria Homem – Isso me lembra outra história que usamos em nossas viagens. Na época, houve uma postagem no Twitter*** de uma pastora, que se denominava soldada de Cristo, com uma afirmação espetacular: "Um coito de dois minutos é mais que suficiente para um marido fecundar a sua esposa. O resto é vício, perversão e socialismo". Esse

---

* Em fevereiro de 2020, o governo federal lançou uma campanha de prevenção da gravidez na adolescência tendo como mote a abstinência sexual. (N.E.)

** Referência à fala do ex-ministro da Educação (2020-2022). (N.E.)

*** A rede social Twitter teve seu nome alterado para X em 2023. (N.E.)

tipo de fala, de qualquer ponto de vista, é um resquício desse longo processo de recalque que você está redesenhando, historicizando aqui, Contardo.

Contardo – A ideia é esta: se nós tirarmos a sexualidade do jogo, ganharemos o controle.

Maria Homem – O que se quer é demonizar o prazer que passa pela pele e qualquer coisa que vá além de uma suposta funcionalidade desse prazer, que seria a reprodução. Mais do que isso: é o recalque do sexo, mas é também e mais amplamente o recalque do corpo inteiro. É só lembrar dos pecados capitais. Luxúria como pecado capital é o pilar central de nossa conversa, mas não podemos nos esquecer da gula, que também seria um prazer da carne não dominado pela alma. Ou mesmo a ira, essa força que faz mover o corpo e tomar atitudes para além do domínio de si. Em grande medida, o corpo está *sub judice*, sempre em julgamento e, de fato, já condenado *a priori*.

Em grande medida, o corpo está *sub judice*, sempre em julgamento e, de fato, já condenado *a priori*.

Contardo – A abstinência e o ascetismo se tornam, assim, os pilares do autocontrole.

Maria Homem – São supostamente pilares da moralidade.

Contardo – Da moralidade como autocontrole.

Maria Homem – Sim. Nós chamaríamos, então, esse autocontrole de moral e a conexão com seu próprio corpo, de imoral. O que é uma reversão absolutamente equivocada.

Contardo – Sim, é uma loucura que terá um custo muito grande ao pensamento ocidental, mas, sobretudo, ao pensamento cristão. Eu estava lendo justamente por esses dias alguém que escreveu maluquices sobre a questão da abstinência, que aquela era uma escolha moral. Ao passo que permitir às meninas transarem com o uso devido de anticoncepcionais não era uma escolha moral, mas sim uma escolha pelo prazer, hedonista – como se hedonista e moral fossem opostos. Não são opostos. Isso é uma total maluquice do ponto de vista do pensamento filosófico, inclusive. Na cabeça dessa pessoa, o que é moral é o que proíbe. Não: o que é moral é o que permite. A ética é a doutrina do comportamento possível, não a doutrina das interdições. A moral não é a arte de proibir; é a arte do possível, do aprender a se comportar ou de inventar um comportamento possível e que seja bom. Aí vamos decidir o bom de mil maneiras diferentes: pode ser bom nas suas consequências, bom na sua utilidade social, bom na sua utilidade para e por si mesmo.

Maria Homem – O bem possível para o maior número possível, na vertente utilitarista pragmática. Está na própria raiz da palavra *ethos*.

Contardo – Que é comportamento.

Maria Homem – Que tem relação com o como somos, como vivemos.

Contardo – Mas a maluquice que a nossa cultura produziu é esta: falar como se moral fosse o que proíbe. De onde vem isso?

Maria Homem – Isso coloca um conceito central aqui na nossa conversa, que é de proibição, contenção, recalque. Em última instância, de renúncia, que é um paradigma muito problemático.

Contardo – Mas a renúncia também é o caminho mais fácil, de alguma forma.

Maria Homem – Agora você provocou...

Contardo – Não, é verdade, é o caminho mais fácil do ponto de vista de um projeto de controle. A contenção e a renúncia são as primeiras coisas que surgem como maneiras de controlar e até de educar. Por exemplo, ninguém diz quando faz uma promessa: "Se meu filho sair dessa febre, vou comer sete barras de chocolate". Não. O que se diz é: "Não vou comer chocolate até o Natal". É na renúncia que nos achamos merecedores. Isso é algo totalmente bizarro.

Maria Homem – É um certo cristianismo, também. Essa figura, esse paradigma do Cristo é complexo o suficiente para interpretarmos várias formas possíveis de *ethos*. O que acabou vencendo historicamente foi essa matriz ultrarrepressiva.

Contardo – Também os primeiros grandes grupos de monges, por exemplo, são muito instrutivos nesse ponto de vista. Eles não eram muito diferentes do partido fascista ou do partido nazista. No fundo, eram parecidos com todos os grandes grupos masculinos: truculentos, destrutivos, assassinos. Esses grupos todos tornam sempre possível a prática do horror, porque, no grupo, os membros se esquecem de si, renunciam à sua singularidade, não precisam mais pensar e ainda menos julgar moralmente suas próprias ações. Então, em grupo, eles se tornam capazes do pior.

Maria Homem – Esses grupos são sempre prevalentemente masculinos.

Contardo – Certamente. As mulheres não desistem tão facilmente de sua subjetividade em prol de um grupo. Há razões para isso; elas devem ser procuradas nas dificuldades em ser homem, e às vezes são esquecidas justamente pelas soluções sinistras que os homens encontram para isso. Aliás, é quase sempre assim: ser homem não é fácil, mas as soluções que os homens encontram para conviver com seu destino masculino tendem a ser as piores possíveis. Teremos tempo para tratar disso.

O corpo masculino: Desejo e repressão

Contardo – Queria citar aqui o livro da jornalista britânica Catherine Nixey, que é imprescindível, um marco: *The darkening age: The Christian destruction of the classical world* (2017).* Esse livro é uma revolução para quem pensa, assim como eu acreditava, que o cristianismo, nos primeiros séculos, era uma religião perseguida e martirizada pelos pagãos. A verdade é o inverso. O paganismo aceitava com facilidade qualquer religião: afinal, a ideia é de que os deuses são muitos. O cristianismo é que foi desde o começo intolerante, missionário e destruidor. O que importa é que isso aconteceu justamente na época em que o cristianismo "resolveu" as dificuldades de autocontrole, matando o desejo sexual e responsabilizando as mulheres.

---

* *A chegada das trevas: Como os cristãos destruíram o mundo clássico*. Porto Salvo: Desassossego, 2018. (N.E.)

É bom lembrar que essa "solução" não foi adotada sem luta. Muitas pessoas tentaram construir uma cultura ocidental cristã diferente e foram massacradas, literalmente. Não só os pagãos perseguidos, mas também os cristãos e as cristãs que não desprezassem o corpo e o desejo e os prazeres. Foram torturados e exterminados. A história é muito bem contada pelo filósofo francês Michel Onfray no livro *Le christianisme hédoniste* (2006).*

Foi um processo cruento, sangrento. A masculinidade, especificamente, que apresentava esse apetrecho chamado pênis, que era um elemento de descontrole, parou de ser definida pelo sexo e se definiu pela repressão deste, e a mulher passou a ser a única representante do desejo, origem de toda a tentação. Mas, cuidado: a mulher precisou ser pensada como não tendo desejo próprio para que ela pudesse se transformar na representante do desejo do homem: ela não tem desejo próprio, ela tenta os homens – é isso que ela faz.

Uma vez o desejo reprimido, o homem começou a ser definido por outras coisas: força, honra, renúncia, dinheiro...

Maria Homem – Coragem...

Contardo – Coragem, aventura...

Maria Homem – Racionalidade...

---

* *O cristianismo hedonista*. São Paulo: WMF Martins Fontes, 2008. (N.E.)

Contardo – E isso durou praticamente até o século XIX de maneira ininterrupta, o que introduziu uma série de dificuldades: a homossexualidade masculina, por exemplo, ao contrário do que acontecia na Idade Clássica, foi perseguida brutalmente porque recolocava a questão do desejo no corpo masculino. Era intolerável que a mulher não fosse a única grande tentadora, que o corpo masculino pudesse ser desejante e desejável. Era preciso que a mulher tentadora fosse o lugar de origem e controle do desejo masculino. Esse era um problema seriíssimo. A mulher teria esse poder de controlar a ereção masculina. É como se, então, o controle do que tem de mais saliente da sexualidade masculina estivesse realmente fora do homem.

Maria Homem – Está fora duplamente. Porque está na mulher, mas não pode ser por iniciativa própria dela, seria lhe atribuir poder demais. A sexualidade feminina precisou ser considerada demoníaca e, assim, necessitou ser objeto e presa de forças ocultas (normalmente diabólicas) que a tomam. É por isso que o homem controla a mulher duplamente. Porque ela também seria presa fácil (e mais fácil do que ele) da serpente e do demônio. Nesse caso, o homem massacra a mulher porque, se for autônoma, não é ela, mas a força da serpente que se esconde nela. A mulher não pode fazer nada e, se faz, não é ela que faz, mas algo (maligno) que a faz fazer. Enfim, o homem não deixa a mulher desejar ler, estudar, pensar. Ele a queima com todos os derivados históricos ao longo de quase dois mil anos.

Contardo – É por isso que, com o começo do feminismo, digamos, no século XIX, a masculinidade entra em uma crise progressiva e dramática. Se a mulher se autonomiza, se o desejo feminino ganha qualquer direito de aparecer...

Maria Homem – ... dignidade ontológica, até.

Contardo – Exatamente. Isso, de repente, traz de volta toda a questão do que me faz homem. Em última instância, eu não controlo mais o que me faria homem, é ela que controla – e ela teria desejo próprio? O ódio do feminismo, por exemplo...

Maria Homem – O ódio do *feminino* em si e o ódio do feminismo, como aquilo que faria, inclusive, a mulher não feminina. Essa é uma crença, aliás, partilhada com mulheres, que por vezes precisam se apegar ao discurso "não sou feminista, sou feminina" – como se viu, inclusive, no movimento de reação #elesim e sua identificação com os ideais conservadores do que seria o masculino e o feminino no bolsonarismo.

Contardo – Claro, quando o feminismo aparece na cena cultural, é uma tremenda agressão para o homem, que, muito antes de se perguntar: "Por que será que a mulher quer votar?", pergunta-se: "O que é isso de a mulher querer?". No movimento das sufragistas, o voto em si talvez não fosse o escândalo, o problema era que o movimento significava a volta à cena da história do desejo feminino e, portanto, da questão do descontrole masculino.

A mulher detém a prova de que o homem não controla seu desejo, mas não porque ela seria a tentadora ignara (sem desejo próprio), e sim porque ele, o homem, tem um desejo que ele não controla: ele tem carne, um corpo que lhe escapa. Adão não é apenas um desavisado.

A mulher se torna muito pior do que a tentadora que teria as chaves do desejo do homem; ela passa a ser quase a metáfora do desejo masculino, o sinal de que existe um desejo masculino, que o homem tem corpo e carne. Não por acaso, o conflito interno masculino entre controle e descontrole tem uma figura emblemática no conflito interno do homem com o feminino dentro de si, porque o feminino é a figura do desejo, da carnalidade, do corpo masculino.

Já disse que a homossexualidade é perseguida no mundo cristão (diferentemente do que acontecia no mundo clássico) porque ela aponta para a existência de corpo, carnalidade e desejo no homem. Deve ser por isso também que qualquer questão de gênero se torna insuportável para a boçalidade masculina: porque a questão do gênero levanta a feminidade possível no homem, em qualquer homem, seja homossexual ou heterossexual – a feminidade como signo do desejo e da carne (que se trataria de ocultar, reprimir).

Maria Homem – Esse conflito do seu próprio ser homem e habitar um corpo com esse pequeno detalhe, um pênis errático, que ele não controla.

Contardo – A maneira como o controle de si (do desejo do homem e das mulheres como representantes desse desejo) torna-se central na invenção cristã é muito importante para entendermos uma diferença enorme (a primeira) entre psicologia masculina e feminina. Os homens estarão para sempre mais interessados no poder – no lado mais opressivo do poder – do que as mulheres, porque eles têm a tarefa de controlar nos outros o que eles nunca conseguem controlar neles mesmos. Os homens podem ser naturalmente boçais. Eles precisam dominar para se dominar.

Maria Homem – Sim, é muito angustiante se sentir na posição de não poder ter controle sobre algo tão íntimo e tão central em nós, como essa parte fundamental do nosso corpo. Por isso, o próprio sexo e a reprodução da vida assustam tanto. Mas, calma, a genética vai resolver isso e fazer bebê real de proveta, sem essa coisa de sexo, fecundação, gravidez. Vamos resolver tudo isso de outro jeito: pegar uns genes bons, botar ali na máquina... Nossas fantasias vão nessa linha.

Contardo – Mas ereção controlada eu não sei...

Maria Homem – Viagra seria somente o início do nosso sonho de controlar o sexo? Aliás, será que uma parte da nossa cultura está indo na direção de abrir mão da sexualidade? O hedonismo contemporâneo às vezes funciona como uma fuga, paradoxalmente, do erótico e da sexualidade nua e crua. Em uma linha assim: sexo, para quê? Tanta angústia, secreções, o outro, ter que conversar, acordar com a pessoa... É só tomar umas pílulas de prazer, sem *side effect*. É uma brincadeira futurista, claro. Mas essa parece ser também a matriz de fundo do imaginário contemporâneo: prazer total sem ônus. E, de preferência, sem o outro. Vamos, cada um, ser bem feliz na nossa bolha cósmica cercada por várias imagens *videogâmicas*. Enfim, estou provocando...

Mas talvez agora, no século XXI, se esteja chegando a um estatuto tal que a gente sustente algum não controle. Que a gente tenha uma coragem radical e uma confiança na própria capacidade de pensar, de viver, de manejar. Quem sabe algum dia não precisemos desejar ter o domínio pleno e obsessivo de todas as variáveis e de todos os objetos para conseguir transitar no mundo.

Contardo – Talvez...

Maria Homem – Porque é um pouco nosso sintoma obsessivo, não? Mas talvez chegue o dia em que a gente tenha a coragem de abrir mão desse delírio de ultracontrole.

Contardo – É uma transformação social muito grande. Eu não sei se nós estamos lá.

Maria Homem – Não estamos. Mas eu diria que ou vamos nessa direção ou não teremos alternativa. Porque o ideal de controle absoluto é simplesmente uma fantasia. Quanto mais difícil esse ideal, quanto mais da ordem do impossível ele é, tanto mais nós vamos trocar os pés pelas mãos e criar campos de domínio, controle, extermínio, morte. A premissa está errada, ela não vai funcionar. O homem pode queimar todas as mulheres, mas não vai conseguir controlar o seu pau. Pode tomar todos os ansiolíticos, rezar todos os pai-nossos e ave-marias, fazer culto, fazer todos os sacrifícios. Pode bater, dar *porrada*, fazer luta, entrar no *taekwondo*. Não vai conseguir controlar o próprio desejo nem o desejo do outro. Então, em bom português, "relaxa e goza".

O ideal de controle absoluto é simplesmente uma fantasia.

Contardo – Talvez, mas o homem inventou várias técnicas de controle. O homem inventou uma erótica masoquista própria: uma erótica do martírio, da privação, da própria renúncia. Ou seja, transformou em erotismo o próprio campo da mortificação do corpo.

As histórias e, sobretudo, as representações dos mártires cristãos mostraram e ainda mostram o caminho. O homem conseguiu transformar o esforço que faz para reprimir a sua carnalidade em uma forma de erotismo de grande sucesso. Afinal, já existia uma clara sugestão nessa direção na própria origem do cristianismo, ao propor como corpo glorioso o corpo supliciado e crucificado.

Maria Homem – Isso é muito importante, porque a imagem de Cristo na cruz é uma das poucas que foram permitidas do corpo masculino. E é um corpo seminu, à mostra. Que aliás, como mostra a clínica, é um clássico objeto erótico e habita inúmeras fantasias de masturbação.

Contardo – Corpo nu, muitas vezes.

Maria Homem – Com seus movimentos e suas torções. E essa erótica do suplício, do martírio durou praticamente dois mil anos. Acho que temos que dizer com todas as letras (espero que nosso livro não seja muito polêmico e que as pessoas tenham lido o que dissemos antes para compreender como chegamos a esse tipo de afirmação): é uma imagem erótica, uma conexão com Eros.* Em última

* Na mitologia grega, o deus do amor e do erotismo. (N.E.)

instância, é a base da erotização do suplício e da morte – que está na matriz do Eros fascista, inclusive. Vamos pegar o paradigma da cena completa: alguém pode, muitas vezes, se chicotear e sangrar diante dessa imagem. Às vezes, se faz isso em praça pública, não só nas células fechadas dos mosteiros. Há algumas procissões em que isso acontece. Tem-se o gozo da dor e o gozo do sangue escorrendo no corpo. Temos, portanto, uma relação sadomasoquista em que o gozo se dá na identificação com o corpo martirizado de Cristo na cruz. Ou seja, o cristianismo reprime tanto o corpo e a sexualidade, mas aí inventamos práticas que acabam por justamente criar uma hipertrofia desse martírio erótico e sexual com o próprio corpo de Cristo.

Enfim, o recalque é estruturalmente impossível ao longo do tempo. As forças pulsionais encontram seu caminho e operam o inevitável retorno do recalcado, muitas vezes usando o mesmo objeto do desejo de forma invertida.

Contardo – Leo Steinberg publicou, em 1983, o livro-chave sobre a iconografia do Cristo, *The sexuality of Christ in Renaissance art and in Modern oblivion*. E depois nós gozamos da cara dos muçulmanos que acreditam que quem morre na *jihad* vai direto para o paraíso.

Maria Homem – Onde tem sete virgens.

Contardo – Acho que são quarenta.

Maria Homem – Quarenta? Nossa, eu parei em sete!

Contardo – Por sete virgens não vale a pena morrer. Tem que ser quarenta, e olhe lá!

Maria Homem – Se a morte for bombástica, com o perdão do trocadilho, vai que tem mais? [*Risos*]

Contardo – Já mencionamos o livro de Nixey. Nos primeiros séculos do cristianismo, a perseguição aos cristãos foi muito pequena. A perseguição dos pagãos pelos cristãos foi muito maior em número de pessoas assassinadas, destruição etc.

Maria Homem – E mesmo a destruição das representações concretas e culturais, os monumentos, as estátuas e os templos.

Contardo – Sim. Os pagãos faziam o impossível para evitar o martírio, o confronto. Esse não era o espírito deles, temos histórias detalhadas disso da época. O espírito pagão era de que cada um tem o seu deus e ponto-final. E talvez eu inclua o seu no meu e, se você não se importar, vou venerar o seu também junto com Zeus* e Juno** e não sei quem mais.

---

* Rei dos deuses gregos e governante do Monte Olimpo. (N.E.)

** Na mitologia romana, rainha dos deuses. (N.E.)

Maria Homem – Enfim, nenhuma religião é pura e não existe pureza.

Contardo – Mas o judaísmo inaugura uma religião exclusivista: você só terá um deus, se idolatrar outro...

Maria Homem – ... você será punido.

Contardo – Na perspectiva pagã, você pode ter quantos deuses quiser. Essa é uma diferença enorme. Os cristãos destruíram muito mais, e, para eles, o martírio era uma aspiração bastante grande. Ou seja, é antiga essa ideia de ofertar algo para conseguir ter controle de um sistema e "apaziguar" forças que não dominamos. Veja em Roma. Os *magistrati* romanos tentavam tudo o que podiam para evitar isso. Diziam: "Tudo bem você ser cristão, eu só peço que você sacrifique um cordeiro ao imperador. Não precisa dizer que o imperador é deus, e ainda menos dizer que ele seria o único deus". Mas não, o cara queria morrer mesmo, porque o martírio era tão valorizado quanto a *jihad* islâmica. Era um destino, é preciso dizer, altamente erótico. É a erótica do sofrer, como sofriam os estilitas, por exemplo, esses malucos que ficavam em cima de uma coluna durante anos em pé ou sentados, o que fosse, mas na mesma posição.

Essa mortificação de si, essa mortificação da carne era transformada em erótica. Qualquer menino que recebeu uma educação católica (com a iconografia que prolifera pelas paredes das igrejas) vai se lembrar de ter tido algum tipo de excitação sexual e eventualmente de ter fantasiado e se masturbado com representações de martírios ou com imagens ainda mais sagradas, como, por exemplo, a própria imagem do Cristo.

Maria Homem – As meninas menos, não é? Porque elas eram martirizadas mesmo, seu desejo era perseguido, mas essa não era a fantasia delas, elas eram vítimas, não algozes de si mesmas.

Contardo – Certo.

Maria Homem – Uma adjacência para esse corpo de Cristo erotizado, e de que se tem também vários relatos, inclusive, de cultos, de sexualizações e erotizações é a imagem de são Sebastião,* uma figura inclusive retomada pelos movimentos *cults gays*.

Contardo – São Sebastião realmente se tornou um ícone da sexualidade BDSM** e *gay*, uma estátua para colocar em casa, no quarto. A imagem de são Sebastião

---

* Soldado romano, recusou-se a renegar sua fé e, por isso, foi duplamente martirizado. No primeiro martírio, foi amarrado a uma árvore e recebeu várias flechadas. Recuperado, voltou a evangelizar e foi açoitado até a morte, tornando-se santo da Igreja católica. (N.E.)

** Sigla para *bondage*, disciplina, sadismo e masoquismo. (N.E.)

sendo sacrificado, recebendo flechas de todos os lados: ele está sendo penetrado por todos os lados.

Maria Homem – Agora, será que até o menino hétero tem esse tipo de excitação? Vamos tirar de cena, então, o corpo de Cristo, o corpo de são Sebastião e modernizar, trazer para a indústria cultural do século XX e trocar pela imagem do Capitão América, do Super-Homem, do Homem-Aranha. Qualquer menino tem esse fascínio, essa identificação com o corpo do super-herói. Os meninos até competem na escola para ver quem sabe mais sobre esse universo, qual herói é da Marvel ou da DC.* Acham que isso é um conhecimento válido. Eles não estão no século XIII, não vão ver os santos na Igreja, mas vão ao cinema e ao computador. Vestem as roupas dos super-heróis, pegam espadas e erotizam esse universo. Talvez façam isso entre si, talvez não. Nós sabemos que brincar de espada, de dar beijo, de pegar no corpo do outro, de ver como é o pênis do outro etc. está no percurso de análise de qualquer menino, seja ele *gay*, hétero, mais ou menos, bi, o que for. É o troca-troca básico de todos. O trocar de experiências.

---

* Marvel e DC Comics são duas editoras americanas de histórias em quadrinhos, consideradas as maiores do mundo e conhecidas por seu universo de super-heróis. (N.E.)

Contardo – Algo engraçado, aliás, é que em todas as imagens de são Sebastião, embora esteja sendo supliciado, ele tem uma expressão totalmente feliz de gozo. Sempre. A ideia é: "*O.k.*, eu tenho esse problema" – então, repressão nisso. "Eu não me defino mais pelo sexo, me defino pelo esforço que faço para manter o controle do meu corpo" – só que esse controle do corpo é transformado em um tipo de sexualidade. Há uma grande quantidade de meninos que sonham em ser presos e amarrados. Sem dúvida, existe essa temática masoquista. *Cinquenta tons de cinza** é interessante por causa disso. Eu não sei se é a história do masoquismo dela e do sadismo dele; acho que é também (e talvez muito mais) a história do masoquismo dele e de como isso pode, eventualmente, se transformar em sadismo. Esse é um ponto de vista que Freud confirma absolutamente. O masoquismo é sempre primário. O sadismo, eventualmente, é uma transformação do masoquismo. A única fantasia realmente universal é a masoquista.

Maria Homem – Até porque todos fomos bebês manipulados pelo outro, para voltarmos ao início da nossa conversa. A nossa posição primária é ser, literalmente, um

* Trilogia de livros de temática sadomasoquista que teve milhões de exemplares vendidos e depois foi adaptada para o cinema. (N.E.)

objeto na mão de um outro que nos toca, nos excita, nos cuida.

Contardo – Essa é a primeira grande experiência de gozo na vida.

Maria Homem – E o nosso sonho de conforto, de prazer é aquele ninho. Ou é aquela piscina maravilhosa com todos os serviçais nos trazendo drinques e massagens. Essa imagem máxima de gozo é uma representação um tanto masoquista: somos o objeto de todo o entorno, *passivão* ali – o milionário na piscina com seu *entourage*, o grande rei tomando seu banho anual no século XVII e são Sebastião penetrado pelas flechas. Só se pode falar para uma massa de seres pulsionais "não exerça essa pulsão, recalque, não goze, isso é mau", se o próprio ato de renúncia e controle a isso for transformado em um ato de prazer. Essa operação esperta, astuta sustentou o cristianismo por dois milênios. Mas não se sustenta mais, por vários motivos. O homem e a mulher vão recuperando seu corpo perdido, sua sexualidade perdida. Esse é um processo dialético importante na cultura.

Mestres e escravos

Maria Homem – Vamos pensar, para voltar ao nosso início, à nossa base: o que somos nós? Um amontoado de moléculas sensíveis que vão sendo tocadas, manipuladas, formatando um corpo que tem prazer e desprazer. Muito antes de menino, menina; pai, mãe; azul, rosa; certo, errado, temos corpos que se excitam. E que é bom ou não. É isso que nós somos também. Depois, ao longo da vida, organizamos alguns lugares nos quais identificamos posições sexuadas, que estariam mais próximas de um lado que chamaríamos de masculino ou de outro, feminino – daí a ideia de que dois fazem um, da complementaridade, do complemento para forjar uma unidade, uma totalidade, que é um sonho humano ancestral. Isso já estava presente em alguns discursos do próprio pensamento grego ou anterior a ele. Masculino e feminino, *yin* e *yang*, claro e escuro – essa é uma questão, vamos dizer assim, de pensamento, de angústia do ser humano, muito antiga. E nós, é claro, usamos as diferenças dos corpos para reproduzir essa mística da complementaridade, como estou chamando. Agora, Freud dizia que somos todos bissexuais.

Contardo – Não sei se concordo inteiramente com ele. Bom, fundamentalmente, a nossa subjetividade se constitui passando por alguns grandes momentos-chave ao longo da infância e da criação pela família. Não encontramos até hoje nada mais eficiente para criar prole do que a família. Existiram épocas em que a criação era muito mais coletiva, a família era estendida. O sistema de aprendizado do século XIX, por exemplo, fazia com que as crianças saíssem de casa como aprendizes aos 8 anos, em geral – muito mais cedo do que agora. A família mudou muito, não há dúvidas quanto a isso. Mas, mesmo com todas essas diferenças, a raiz da criação familiar permaneceu. Portanto, a ideia de Freud de que a vivência do Édipo* seja a matriz na qual alguém começa a se organizar subjetivamente, inclusive nas identificações básicas, entre elas a sexual, me parece correta.

---

* Personagem da mitologia grega que mata o pai e se casa com a própria mãe, sem saber de quem se tratavam. (N.E.)

Maria Homem – Deixe-me entender do que você discorda, então, porque até aí eu concordo com você.

Contardo – Eu não concordo em dizer que somos corpos que têm sensações e, portanto, desejamos indiferentemente corpos de qualquer sexo. Um bebê de um ano beija na boca qualquer coisa, até o cachorro.

Maria Homem – Sim, mas existe um outro ponto de vista que complementa isso e vai contra o que eu mesma disse, que é o seguinte: um bebê beija qualquer coisa, está na fase oral. Mas, também, já está submetido à linguagem e às suas nomeações. Já está imerso no simbólico, que opera com distinções nas quais o sujeito se apoia, para se localizar diante da multiplicidade das coisas. Ou seja, a partir da linguagem buscamos organizar essa variabilidade. Nesse processo, por vezes, temos a tendência a querer fazer algumas oposições simbólicas binárias. Uma delas é quando a mulher está grávida e perguntamos: "É menino ou menina?". Portanto, mesmo para o bebê ainda na barriga da mãe, esse processo de sexuação, como chamamos em psicanálise, é uma das construções básicas da subjetividade. Porque a mãe (e a família, a medicina, a cultura) já dá uma resposta, e lança um significante sobre aquele ser. Isso já existe desde antes de nascermos, e mesmo desde antes de sermos concebidos. Porque, cada vez que uma menina brinca de boneca, ela também já está fantasiando sobre como é o bebê menino ou menina. Normalmente, a boneca é do sexo feminino. Uma mulher, então, é mais ensinada a se relacionar com uma igual, com uma miniatura de si mesma. De vez em quando, ela tem um boneco e brinca com gêneros.

Esse universo da diferença, da sexuação, do ser menino ou ser menina, está no nome que os pais dão para o filho. Está na cor do enfeite que eles compram para pôr na porta do quarto da maternidade, ou na cor com que pintam a parede do quarto do bebê. Portanto, sem dúvida, não são só corpos no espaço. Enfim, há diferenças, às vezes, estruturais. E também o corpo existe.

Contardo – Sim, existem as diferenças biológicas, anatômicas.

Maria Homem – O corpo existe, sim. Não dá para recusar isso. Algumas células são diferentes, o hormônio é diferente, os neurônios são diferentes.

Contardo – E há diferenças de criação.

Maria Homem – A cultura inteira é diferente, e cada família vai fazer suas projeções. Portanto, nesse ponto, acho que a gente mais se alinha do que discorda. Mas, sim, somos bissexuais. Acho que esse é um ponto básico. No inconsciente, não há todas essas oposições simbólicas, porque ele é um pouco a-espacial, atemporal e tudo junto. Tanto que isso é algo que pode chocar os pacientes ou as pessoas, que por vezes se deparam com algo assim: "Eu sonhei com a minha mãe e ela tinha pinto". E sabemos que o sonho, como diria Freud, é sempre do sonhador. Ou seja, isso significa sonhar algo de mim mesmo.

Essa figura do sonho de uma mulher fálica, vamos chamar assim, da donzela guerreira, das amazonas, ou esse imaginário que tenta fazer uma construção dos homens sensíveis, do xamã da tribo, assexual ou pansexual, do eunuco, do homem castrado, esses jogos de sobreposição entre o masculino e o feminino estão em todas as culturas. E o inconsciente também está ali, lidando com essas imagens. É como se não fosse um caldo tão assexuado no mundo, mas também não tão dividido, menino e menina. Quem divide? É o simbólico. Só a linguagem pode fazer isso. Não a natureza ou a realidade, em sua altíssima diversidade. É a linguagem que

Quem divide? É o simbólico. Só a linguagem pode fazer isso. Não a natureza ou a realidade, em sua altíssima diversidade. É a linguagem que diz: "Tem branco e preto. Tem macho e fêmea. E um é mais do que o outro. Um domina o outro. Um escraviza o outro".

diz: “Tem branco e preto. Tem macho e fêmea. E um é mais do que o outro. Um domina o outro. Um escraviza o outro”. Quem disse que existem dois sexos ou dois gêneros? Só o discurso vai dizer isso. Porque nem na natureza existem só machos-machos e fêmeas-fêmeas. A própria natureza tem o hermafroditismo, tem cinquenta tons de cinza. Ou, no mínimo, como diria o Relatório Kinsey,* seis grandes grupos, do ultra-hétero até o ultra-homossexual. Afinal, quem somos nós? Onde estamos nessa escala de tons de cinza? Não é tão lá nem tão cá. Por isso só um discurso que se pretende transcendental poderia afirmar algo como: “Então, fiz um corpo de homem e dessa costela tirei um corpo e fiz a mulher”. Só um discurso é que pode afirmar que há dois sexos, dois seres. Porque não há.

Contardo – É bom lembrar para o leitor que o homem não tem uma costela a menos que a mulher. O número de costelas é o mesmo nos dois. Em época de terraplanismo, é bom lembrar esse detalhe!

---

* Estudo sobre o comportamento sexual dos homens publicado em 1948 pelo biólogo americano Alfred Kinsey (1894-1956), que, depois de analisar a diversidade e os padrões de acasalamento das vespas, concluiu que os seres humanos seguem as mesmas variações, causando grande polêmica na época. Quatro anos mais tarde, foi publicado um segundo relatório, sobre o comportamento sexual das mulheres. (N.E.)

Maria Homem – Estamos falando com todas as letras: não existe essa divisão menino/menina, homem/mulher, como se fossem dois grandes grupos de seres, diferentes e complementares. Isso é uma ficção, uma fantasia. É uma construção simbólica e imaginária, para dar conta da multiplicidade das coisas, dos corpos, dos seres que, sim, têm uma divisão sexuada. Não só humanos, mas também primatas superiores, mamíferos... Existem dois grandes grupos, mas as diferenças são muito menos *sharp*, muito menos cristalinas.

Contardo – Um fato muito importante a se dizer é que o menino – e nisso ele se afasta da realidade concreta desde muito cedo – tem uma ambição de controle. De alguma forma, essa é a outra face do fato de que a sua sexualidade depende de um órgão que ele não controla. Mas, por mais que essa ambição de controle passe pela renúncia corporal, pela própria repressão ou pela autorrepressão, ou que passe por uma fantasmática masoquista, em última instância, nenhum controle tem valor se você não controla a morte. O único ideal de controle realizado é o controle da morte. Aliás, esse é um grande tema da filosofia ocidental. No fundo, o que faz a diferença entre o mestre e o escravo, para lembrar **Hegel** e a fenomenologia do espírito, é que o escravo tem medo de morrer. Ele tenta, então, não morrer. O mestre controla a morte porque não tem medo de morrer.

Maria Homem – "Controla a morte" seria uma expressão um pouco otimista demais. Eu diria "controla o medo da morte em si mesmo". Porque, como bichos, estamos longe de controlar a morte.

Contardo – Mas não temer a morte é uma maneira de controlá-la.

Maria Homem – Eu talvez seja mais masculina do que você e diria: quem sabe não vamos postergar a morte indefinidamente? Esse é um sonho, talvez um delírio tecnológico da ciência e seu projeto de sempre transcender.

Contardo – Sem dúvida. Mas essa é uma moral de escravo.

Maria Homem – Que seja! Sou escrava então.

Contardo – Que seja! Não tenho nada contra, mas a moral do mestre é não temer a morte.

Maria Homem – Sim, controlar a morte pode até ser um sonho humano, escravizado que seja.

Contardo – Claro. Tanto que isso se daria por uma realização técnica.

Maria Homem – Agora, o domínio dos afetos em relação à própria angústia diante da morte talvez seja possível.

Contardo – Vai além disso. Porque o traço do masculino é que existem valores pelos quais vale a pena entregar a vida. Até a chegada do higienismo do século XIX, que é, realmente, desse ponto de vista, uma moral de escravo, e não uma moral de mestre clássico, a vida não era um valor em si.

Maria Homem – A modernidade, então, é quase uma moral de escravo? É isso que você está dizendo, Contardo? É a vitória do conforto burguês escravo que quer fazer o seu ninho o mais limpinho, tranquilo e gostosinho possível?

Contardo – Sim, claro. E para viver mais tempo. Mas a moral do mestre clássico não é essa. É de que as coisas que importam são aquelas pelas quais você daria a vida. O resto não teria nenhuma importância. É óbvio que a vida em si não é alguma coisa que importe.

Maria Homem – Importa na medida em que ela é valiosa.

Contardo – A capacidade de arriscá-la é o que faz com que algo tenha valor.

Maria Homem – É a distinção.

Contardo – Seria o "vou dar a minha vida pela honra". O que importa é a honra, não a vida – o homem é construído em cima disso, desse tipo de controle da morte. O controle da morte é a indiferença do mestre. Ou seja: "Você vai me matar? Dane-se! O que importa é que vou ter defendido a minha honra até levar essa espada na barriga".

Maria Homem – Em um assalto, o que você faria, Contardo? Por exemplo, se lhe pedissem: "Me dê esses óculos. Me dê essa aliança. Me dê esse relógio"?

Contardo – Eu não daria.

Maria Homem – Olhe o nosso herói! Você perderia a vida por um relógio?

Contardo – Será que isso é o que uma mulher falaria?

Maria Homem – Não, isso é o que uma mulher está falando. Esta mulher aqui presente. Contardo, você perderia a vida por um relógio, sinceramente?

Contardo – Não é pelo relógio em si. Acontece que não vou deixar alguém pensar que pode me mandar fazer o que quiser simplesmente porque ameaça minha vida.

Maria Homem – Essa é a moral do mestre, não é?

Contardo – Sempre me lembro do meu pai saindo comigo para uma manifestação depois de um atentado terrorista em Milão, durante os anos de chumbo.* Eu disse para ele: "É bem possível que nessa manifestação tenha algum atentado, que alguém jogue uma bomba". E me lembro dele pegando o chapéu inglês que ele sempre usava, colocando na cabeça e dizendo: "Não vamos deixar certos indivíduos decidirem a nossa vida sob o pretexto de que eles podem decidir a hora da nossa morte". Essa é a posição do mestre clássico.

Maria Homem – Mas uma mulher não perderia a vida por um relógio. Ela rapidamente dessimbolizaria o relógio, por mais que fosse precioso, de ouro, "meu pai me deu, é da quinta geração". A mulher diria: "Fique com ele, leve, por favor. Eu quero a minha vida e a dos meus". Isso é, talvez, um valor.

Contardo – Mesmo naquele momento, da saída para ir à manifestação, como foi com meu pai, a mulher também diria: "Não. Não vão. Nenhum dos dois. Não vão se arriscar para fazer uma manifestação que não vai mudar nada de fato".

---

* Período de instabilidade sociopolítica na Itália entre o final dos anos 1960 e o início dos anos 1980, marcado por conflitos sociais generalizados, promovidos por grupos tanto de direita quanto de esquerda. (N.E.)

Maria Homem – "Não vale a pena" – literalmente o valor é a pena.

Contardo – Essa é a definição da famosa questão de princípio, que é algo bem masculino. Significa, fundamentalmente, uma questão de qualquer valor que pode acarretar um risco concreto enorme, mas se trata de algo de natureza completamente diferente. O homem, então, diz: "Eu não posso sacrificar uma coisa que é simbolicamente relevante por uma coisa que é só concreta".

Maria Homem – Uma concretude basal como essa da vida!

Contardo – Justamente, a vida faz parte do concreto, que o homem pode sacrificar sem problemas. O que importa é que sobreviva o princípio.

Maria Homem – Talvez por isso a mulher, em última instância, tenha uma matriz profundamente pacifista e, no fundo, não compreenda, afinal, por que os homens fazem a guerra. Uma velha questão que foi retomada na famosa troca de cartas entre Freud e **Einstein** que leva justamente esse nome – *Por que a guerra*?.* Eu ousaria dizer que essa é a matriz evolutiva que deve prevalecer no futuro. Vamos

---

* *Why war*? (1933). (N.E.)

nos sentar, conversar, discutir... Eu sustentaria essa posição. Porque a vida é soberana. O princípio é a palavra operar, e não a violência, a morte. É outra lógica. Não sei se é menos princípio ou menos valor.

Contardo – Para mim, subjetivamente, isso aí não funciona.

Maria Homem – Não? Somos diferentes, então. Aqui temos, portanto, um homem e uma mulher.

Contardo – Essa é uma diferença grande. Alguns diriam que ela é biológica, porque a mulher é concretamente a grande reprodutora da vida e, por isso, só pode valorizá-la. Poderia concordar, mas acho que há mais nessa diferença.

Maria Homem – Vamos ver. É importante esse ponto deste nosso livro.

Contardo – Claro. Mas, nesta altura do campeonato, assinalo que tem mais corpos e cinzas enterradas pelo mundo do que pessoas vivas.

Maria Homem – A ideia de decifrar como viver juntos sem matar ou sem morrer me excita muito.

Contardo – Isso também me interessa.

Maria Homem – Isso excita o meu pensamento, a minha energia, a minha força, a minha potência. Esse é o xadrez que vale a pena jogar. É mais interessante, menos bronco do que já "partir pra porrada".

Contardo – Acho isso ótimo! Essa é uma questão muito interessante, eu concordo com você.

Maria Homem – Acho mais interessante, mais nobre, mais difícil...

Contardo – Concordo em termos.

Maria Homem – A conversa está ficando animada...

Contardo – Concordo no sentido de que, sim, posso considerar mais interessante inventar a arte da convivência do que partir para o conflito. Mas existem pontos de não retorno em que só sobra o conflito.

Maria Homem – Também acho que há pontos de não retorno. Poderia funcionar como uma petição de princípio: vamos levar a palavra e seu embate até o limite, mas, se você realmente não puder escutar, teremos que abrir fogo.

Contardo – Um exemplo muito interessante das diferenças entre o pensamento masculino e o feminino é que, no começo dos anos 1980, em plena Guerra Fria,* os Estados Unidos instalaram mísseis nucleares na Alemanha. A posição das esquerdas era a famosa frase: "Melhor vermelho do que morto". Que significava: "Não vamos ser o teatro de uma guerra nuclear. Preferimos deixar a União Soviética invadir a nos defender com armas nucleares e todo mundo morrer". Esse é um ponto de vista mais feminino. Já a posição, digamos, masculina seria dizer: "Melhor morto que vermelho". Não tanto porque o homem seria anticomunista visceral, mas sim porque aquela era uma linha de defesa. Existe, portanto, uma questão ao redor da valorização ou não da vida. Ninguém desvaloriza a vida como princípio, mas a ideia de que ela não é um valor absoluto, sem dúvida, é uma fantasia muito mais masculina do que feminina.

---

* Período de tensão geopolítica entre os Estados Unidos e a União Soviética que dividiu o mundo em bloco capitalista e bloco socialista. Teve início logo após o fim da Segunda Guerra Mundial, em 1947, e terminou em 1991, com a queda do muro de Berlim e a dissolução da União Soviética diante de uma economia fragilizada. (N.E.)

Meu filho, meu herói: O sonho da mãe

Contardo – Até aqui mencionamos que a diferença entre homens e mulheres pode estar na biologia pelo fato de a mulher ser a reprodutora concreta da vida. Podemos acrescentar que, se o homem faz de conta que não tem corpo, se ele nega ou mortifica a concretude do desejo e da carne, portanto, a vida concreta pode não ser para ele um valor supremo ou absoluto. Agora, tem mais uma explicação para essa diferença. As expectativas maternas e paternas em relação aos filhos são quase sempre uma fonte inesgotável de patologias. E a expectativa materna, especificamente em cima do menino, em geral, é muito maior do que em cima da menina. Poderíamos até dizer que, para a menina, isso é uma sorte. Porque, desse ponto de vista, o menino é mais patológico do que a menina. Ele convive com a ideia de que algo de absolutamente extraordinário está sendo esperado dele. De onde isso vem?

Uma primeira resposta diz que isso vem simplesmente da alteridade. Quando a mulher tem uma filha menina, ela tem uma filha, em alguma medida, parecida com ela mesma. Já o menino traz uma alteridade que saiu do corpo da mulher. O futuro do menino carrega, então, ou promete a realização de todos os anseios frustrados da mãe de uma maneira que não tem equivalente. Talvez seja por isso que existe uma valorização do filho homem: ele sai de mim, mas não me reproduz, ele é tudo o que eu não sou, não fui e não poderia ser.

Isso teve e tem uma série de implicações. Por exemplo, na questão da herança, da transmissão do nome, da transmissão dos bens. Houve épocas em que as filhas não herdavam nada, só os filhos. Aliás, muitas vezes, era só o primeiro filho homem que herdava as propriedades. Os outros iam para o exército ou o sacerdócio. Havia um filho só, o primeiro, para quem se trataria de deixar tudo; isso o ajudaria na tarefa de preencher a grande expectativa: que ele fosse tudo o que não fomos, e sobretudo o que a mãe não foi nem poderia ser.

Maria Homem – Há relatos de várias culturas que matavam as meninas. Ou seja, é uma valorização do masculino, dentro de um grande escopo patriarcal.

Contardo – Ao mesmo tempo, o mundo clássico era capaz de acreditar no mito invertido: no mundo das amazonas, onde, ao contrário, os homens eram só reprodutores e os filhos meninos acabavam mortos.

Maria Homem – Sim, mas essa é a exceção que confirma a regra.

Contardo – Mas a existência do mito é significativa daquela época. Assim como é significativo no mundo clássico o lugar em que a existência da sexualidade feminina é reconhecida e mantida. Não tem equivalente na cultura cristã. Já falamos do livro de Nancy Qualls-Corbett e da função, por exemplo, da prostituta sagrada em muitas culturas e nas próprias culturas romana e grega, como sendo realmente a sacerdotisa da relação com o divino; isso é impensável do ponto de vista cristão. Havia lugares reservados completamente às mulheres.*

E havia exercícios exclusivos de uma sexualidade só feminina – tanto ocultos, como na iniciação aos mistérios dionisíacos,** quanto públicos, com as bacantes circulando pelas ruas de Roma. Linda Fierz-David, uma colega

---

* Cf. *A place at the altar: Priestesses in the Republican Rome*, de Meghan J. DiLuzio, Princeton University Press, 2016.

** Ritos religiosos dedicados a Dionísio, o deus do vinho e das festas na mitologia grega. (N.E.)

junguiana como Qualls-Corbett, escreveu um bonito livro sobre a Vila dos Mistérios de Pompeia, chamado *Women's Dionysian initiation* (1988).

Maria Homem – Mas, ainda assim, só para complementar, mesmo na cultura grega, a mulher não era sujeito de direito tão pleno quanto o homem. Não era cidadã de primeira classe ainda. A cultura era amplamente patriarcal.

Contardo – Mas **Safo** cria um estado na ilha de Lesbos só de mulheres. Não é um mito, como o das amazonas, essa ilha e sua comunidade existiram.

Maria Homem – De novo eis-nos com belas amazonas ou uma pequena ilha! Nós queremos o planeta, não uma ilha. Estamos falando de uma estrutura ampla.

Contardo – Eu sei. Mas na estrutura ampla, por exemplo, as mulheres romanas tinham liberdade nas práticas sexuais e amorosas. Sobretudo porque ninguém duvidava de que as mulheres tivessem desejo sexual próprio.

A diferença é que, do lado do mundo clássico, havia funções femininas cruciais na vida pública e religiosa (da vestal à bacante), e eram funções que não transformavam a mulher só em mãe. Do lado cristão, temos a incapacidade de admitir outro destino feminino que não seja a maternidade e a insistência até hoje (com poucas exceções, nos anglicanos, por exemplo) em manter a mulher na Igreja orante, e não na oficiante.

Maria Homem – Sim, e essa liberdade valia mais para as patrícias* do que para as outras.

Contardo – Sem dúvida nenhuma, e o mesmo pode ser dito do lado dos homens: a ascensão social dos escravos romanos não era fácil. Mas, ainda assim, havia festas, como *Fortuna Virilis*, em que matronas e prostitutas podiam se juntar. De qualquer modo, a sociedade clássica era uma sociedade patriarcal, não há nenhuma dúvida quanto a isso.

Maria Homem – Sim, embora menos repressora do corpo e do sexo feminino do que o cristianismo.

Contardo – É que a sociedade clássica não era uma sociedade misógina. Esse é o ponto. Imaginemos que o matriarcado termine mais ou menos três mil anos antes de Cristo ou antes. O patriarcado domina desde então, mas a misoginia, o ódio pela mulher, se afirma com o cristianismo.

Maria Homem – Se é que o matriarcado já existiu, porque é tão polêmico isso...

---

* Mulheres da Roma Antiga que pertenciam à aristocracia. (N.E.)

Contardo – Claro, concordo, mas adoro pensar com esse mito ou lenda, que seja. Não me prive de minhas ilusões, por favor. [*Risos*] Adoraria que tivesse havido um passado matriarcal. Agora, há índices que dizem que existiram, de fato, sociedades matriarcais antigamente. Tem uma série de achados arqueológicos, existem textos escritos há quase dez mil anos que relatam isso.

Maria Homem – O que estamos dizendo é que isso tem relação com as expectativas do outro sobre nós e, em termos da nossa fundação no interior desse caldo aí – que não inventaram um melhor, que é o da família –, com as expectativas maternas sobre a alteridade. Quando uma mulher (na prática, ainda é o corpo feminino que gesta) tem uma filha menina, ela está lidando com um novo ser. Todo o projeto de futuro, projeções de sonhos estão ali. Existe uma liberdade, mas com algum limite. Porque, em última instância, é uma outra mulher, com uma vivência muito próxima do que seria uma vivência humana e concreta, que é a da mãe. Portanto, nesse caso,

O filho homem é como se fosse a autorização de um sonho quase místico da mulher, que transcende limites. É uma liberdade plena de sonhar, uma capacidade de projeção, quase. É a liberdade de se desconectar da realidade, de voar.

a mãe se autoriza uma projeção e um sonho em certa medida, digamos, humanos. Já o filho homem é como se fosse a autorização de um sonho quase místico da mulher, que transcende limites. É uma liberdade plena de sonhar, uma capacidade de projeção, quase. É a liberdade de se desconectar da realidade, de voar. Portanto, isso é o que a cria recebe.

Contardo – Isso vai na direção de uma oposição clássica. Digo clássica na vida corrente entre homem e mulher, que você, sem dúvida, conhece muito bem na clínica, que é a oposição entre o chamado do amor e o chamado do mundo.

Maria Homem – Sim, isso é essencial neste nosso livro.

Contardo – A mulher seria sempre a representante do chamado do amor, como se fosse uma vocação. Você mesma falava da importância de descobrir meios, de inventar uma convivência pacifista. Isso faz parte do chamado do amor, a ideia de que ele é mais forte do que o chamado do mundo, que é geralmente mitificado como o chamado do mundo selvagem, *call of the wild.*

Maria Homem – A ser desbravado, explorado, descoberto...

Contardo – O chamado do mundo foi, durante muito tempo, culturalmente, uma propriedade masculina. A mulher encarnaria o chamado do amor, do lar, do laço, e o homem, o chamado do mundo. Desse ponto de vista, tem um romance* que conta a história de Erec, um cavaleiro muito apaixonado por sua amada Enide e que quase se perde nesse amor, passa dias e noites na cama com a amada, até que seus companheiros lhe assinalam que ele está se desnaturando ou se perdendo. Então, ele pega a amada Enide e a coloca em cima de um burro ou de uma mula – isso na minha lembrança, porque a minha leitura é antiga, de 50 anos atrás, e eu imagino Enide de camisola em cima de sua montadura. As portas do castelo se abrem e eles saem pelo mundo, que, naquela época dos romances de cavalaria medievais no norte da França, era realmente um mundo selvagem. Primeiro, porque havia florestas – agora já não tem mais, mas naquela época as florestas eram os lugares onde se acreditava que havia seres maléficos, mágicos, ogros (e, de fato, havia, sim, assassinos, bandidos, ladrões, piratas, mouros etc.). Enfim, Erec percorre a floresta, se revalidando como homem na defesa de Enide contra quem quisesse tirá-la dele, ou violentá-la. É um exemplo perfeito do que é o

---

* *Erec e Enide*, do poeta francês Chrétien de Troyes, publicado por volta de 1170. (N.E.)

"chamado do mundo", do ponto de vista masculino. Sem responder ao chamado do mundo, a masculinidade se perde. Só é possível para o menino obedecer ao chamado do amor se ele respeitar, primeiro, o chamado do mundo.

Agora, em geral, o chamado do amor é concreto, ao passo que o chamado do mundo é uma espécie de devaneio. Quando uma mulher sonha com o amor – salvo casos de erotomania delirante –,* sonha com um amor possível, com como ele se daria e com quem.

Maria Homem – A mulher sonha com o amor possível, mas isso não significa que ela seja tão apegada à realidade. Porque é um amor possível, mas também mágico. Também idealizado, com muitas estrelinhas, com todos os encantos do príncipe.

Contardo – Sim, mas não deixa de ser o sonho de um encontro, enquanto, para o homem, muito frequentemente, sonhar com o amor significa sonhar com a separação. O amor com o qual o menino sonha é o momento em que se encontra na véspera da despedida porque ele está saindo para a guerra. Este é o protótipo da fantasia masculina: nos

---

* Quadro psicótico em que se acredita ser amado por alguém e, sobretudo, por alguma celebridade.

encontramos, nos apaixonamos perdidamente, nos beijamos e decidimos nos casar porque amanhã eu saio para a guerra.

Maria Homem – Isso é *Casablanca** em última instância.

Contardo – Esse é o final de *Casablanca*, exatamente. "*We'll always have Paris*" – eles sempre terão Paris.

Maria Homem – Aquele avião, a mocinha pronta para partir e viver a aventura junto com o amado, mas ele diz: "Não. Vá para a sua vidinha doméstica com o seu marido".

Contardo – "Você não vai vir comigo porque provavelmente eu vou morrer na Resistência" – isso é o que diz Bogart.**

Maria Homem – "Eu vou para a morte, e você vai ser o esteio concreto de outro agente. Porque ele vai precisar de você e do lar. Deixe-me livre para ser herói" – os homens amam isso. E talvez algumas mulheres. Mas os homens se esforçam para manter em si mesmos essa imagem, e para apresentá-la ao outro.

---

* Filme americano de 1942, conta a história de amor e drama entre um exilado americano na cidade marroquina de Casablanca e sua grande paixão do passado. (N.E.)

** Humphrey Bogart (1899-1957), ator protagonista de *Casablanca*. (N.E.)

Contardo – Você tem razão, mas o homem nunca vai dar a chance para a mulher descobrir que ele é um pouco distante da figura idealizada que ele mesmo imagina e que propõe como amável aos olhos do mundo, de si mesmo e da amada. Por exemplo, o herói de *Os brutos também amam*,* Shane, aparece e salva uma família inteira. A mulher, o filho e até mesmo o marido dela ficam loucos por ele. Mas Shane, ferido, talvez de morte, no fim do dia vai embora porque não pode ficar. Vai embora para morrer assim, idealizado para sempre. Para o homem, a fantasia amorosa é essa. Para a mulher, pode ser qualquer coisa: "Vamos morar a três, eu, meu marido e você. Vamos inventar".

O homem nunca vai dar a chance para a mulher descobrir que ele é um pouco distante da figura idealizada que ele mesmo imagina e que propõe como amável aos olhos do mundo, de si mesmo e da amada.

Maria Homem – "Eu quero ser o sonho perfeito, o sonho do seu coração..." – essa é uma maneira astuta de o

* Filme americano de faroeste lançado em 1953, com direção de George Stevens, conta a história de um misterioso pistoleiro que chega a uma região habitada por pequenos colonos e passa a ser idolatrado por todos, especialmente pela família que o abriga. (N.E.)

homem preservar o seu ideal diante dele mesmo. O amor seria, então, uma ficção, uma estratégia para o homem se apaixonar por ele mesmo: "Eu sou um guerreiro, e você vai sonhar comigo em Paris, em Casablanca, em qualquer cidade do planeta. Sonhe comigo, querida. Estou longe, pode sonhar".

Contardo – Mas não vamos esquecer da mãe nessa história...

Maria Homem – Ah, sim! Porque essa é uma realização astuta e edípica. O homem "mata dois coelhos com uma cajadada só". Primeiro, porque vai ser amado do modo como sempre sonhou que a mãe o amaria: "Vou atualizar em você o amor sagrado e eterno da mãe". Não deixa de ser uma manobra curiosa de se colocar em uma posição de ser amado mas a distância, o que poderia reforçar um lugar altamente idealizado, ao mesmo tempo sem entrar em uma luta com o pai. Segundo, porque "eu nunca vou trair a minha mãe com nenhuma 'vagabunda'" – o que não deixa de acatar a realização da fantasia da mãe, um filho dom Juan, que vai ser sempre fiel a ela e a nenhuma outra mulher. Ele pode até seduzir todas, mas sem nunca ser de nenhuma delas, nenhuma que ele possa vir a desejar e trair o seu grande amor (seu primeiro grande amor, a mãe).

Contardo – Sim, de alguma forma, mantendo-se como ideal, o homem se aproxima das expectativas maternas e acaba não se relacionando com ninguém, o que é uma maneira de se manter fiel à mãe. E nessa posição de autoidealização do heroísmo masculino inclui-se também a ideia de um controle da morte, como falávamos antes. Por exemplo, nas atividades fantasmáticas, os meninos morrem muito mais do que as meninas.

Maria Homem – Sim, eles morrem o tempo todo; eles morrem e matam o tempo todo. Você chega perto deles, tenta dar um beijo e eles se jogam no chão: "Não, não! Você não vai conseguir me destruir". Eles sempre têm a fantasia de morte e destruição na manga. Por isso também o encontro com o feminino pode ser lido como potencialmente letal, como se o espectro de uma Salomé* sedutora estivesse sempre o rondando e ameaçando cortar-lhe a cabeça. Por isso a fantasia de lutar continuamente contra Salomés ou pais-vilões sempre prontos a lhe destruir. Ou invadir, ou dominar. E todas as fantasias que se repetem também nas narrativas da política externa de vários países. Narrativas

---

* Conta a *Bíblia* que Salomé teria pedido a cabeça do profeta João Batista em um prato, após dançar para Herodes Antipas, governante da Galileia e da Pereia. Sua figura tornou-se símbolo do perigo feminino contra o qual os homens devem se proteger. (N.E.)

que, inclusive, alimentam muitos filmes e séries, formam a matéria de nossas histórias.

Contardo – Eles simulam, controlam a morte e ainda têm espaço para dizer muitas coisas, entre o momento em que caem sangrando, feridos de morte, e o momento em que vão realmente morrer.

Maria Homem – A ária final. Um caso que é clínico e serve como exemplo disso que estamos falando é o daquele jovem cujos pais procuraram você, Contardo, preocupados porque ele ouvia a mesma música todo dia sem parar. Seria um pouco como a criança pequena, que assiste ao mesmo desenho *on and on*, como se estivesse elaborando um ponto nevrálgico muito profundo. Qual era a música que esse menino ouvia?

Contardo – Era uma música de Jim Reeves, *Distant drums*, tambores longínquos, escrita e cantada por ele, que, aliás, foi um grande cantor americano, tinha uma voz extraordinária de barítono. A letra dessa música diz: "*I hear the sound of distant drums*" – eu ouço o som de tambores longínquos. Fala do fato de que, se eu escutar o som de tambores longínquos e eles chegarem, terei que partir, então, "*Mary, marry me*", case comigo, porque o tempo que temos é só agora. É uma música – como eu poderia dizer? – totalmente antinostálgica. É como se o tempo que importa, o tempo do nosso amor, fosse só o tempo da saudade depois da nossa separação, porque eu vou para a guerra, *across the sea*, do outro lado do mar. Essa é a fantasia na qual esse jovem estava completamente tomado, a fantasia de que o amor se realiza no momento em que antecipo a minha despedida por causa do chamado do mundo. É claro que uma menina preferiria sonhar com qualquer coisa que desse para fazer nessa circunstância – em particular qualquer coisa para evitar a separação.

Existe um livro muito bonito, um grande romance que se chama *Cold mountain*.* É uma história que acontece durante a Guerra de Secessão americana.** Foi feito um filme também, com Nicole Kidman e Jude Law. A um dado momento, ele sai para a guerra como soldado do sul. Ela fica sozinha por um ano, um ano e meio até que não aguenta mais e escreve uma carta para ele, que recebe a mensagem ferido em um hospital. A carta diz: "*If you are marching, stop marching. This is my request*" (Se você está marchando, pare de marchar. Esse é meu pedido). E ele volta para ela. O

---

* *Montanha gelada*. São Paulo: Companhia das Letras, 1999. Romance escrito pelo americano Charles Frazier (1950), publicado originalmente em 1997, conta a odisseia de um soldado desertor para reencontrar sua amada. (N.E.)

** Também conhecida como Guerra Civil americana, foi um conflito travado nos Estados Unidos, de 1861 a 1865, entre o norte e o sul do país, após controvérsias acerca da escravização de negros. (N.E.)

romance é a volta dele, essa tentativa, a pé, em um mundo completamente maluco e dilacerado pelo conflito.

Maria Homem – Como Ulisses.*

Contardo – Só que Ulisses esperou que a guerra terminasse.

Maria Homem – Sim, mas podemos retomar Ulisses, porque é uma problemática muito antiga. Ulisses foi aquele que disse "sim" à guerra e lá ficou por dez anos. E ainda conseguiu, novamente com sua astúcia, demorar outros dez para retornar. Acatou o chamado do mundo.

Contardo – Ele diria que foi contra a vontade dele.

Maria Homem – Sim, mas o inconsciente vai na frente.

Contardo – Sim. Vai tanto na frente que, quando Ulisses aparece em um dos episódios mais bonitos do *Inferno* de Dante, parafraseando, ele conta: "Eu cheguei, reconquistei a minha própria ilha, mas nem o amor do meu filho nem o amor da minha mulher puderam vencer

---

* Rei e herói da mitologia, deixou a mulher, Penélope, e o filho, Telêmaco, para lutar ao lado dos gregos na Guerra de Troia. Após a derrota dos troianos, iniciou uma viagem de volta para casa, que durou dez anos. As aventuras e desventuras desse retorno estão narradas na *Odisseia*, poema épico de Homero. (N.E.)

dentro de mim o ardor que eu tinha de me tornar experto do mundo, dos vícios e dos valores humanos. Eu me meti pelo mar aberto com uma pequena companhia de amigos que não me abandonaram e saí de navio para explorar o mundo". Ulisses passa por Gibraltar, se depara com uma tempestade e morre. Ele vai para o inferno, não sei bem por quê. Provavelmente mais pelo estratagema do cavalo que enganou os troianos do que por outra coisa.

Maria Homem – Ulisses não sossegou no lar.

Contardo – E levou dez anos para voltar.

Maria Homem – E no meio disso, Penélope ficou tecendo e criando o filho deles, Telêmaco. Enquanto o homem vive o universo da fantasia, a mulher se conecta com a realidade, a vida concreta, o dia a dia. O tecer, o educar, o levar para a escola, o brincar, a mamadeira, a fralda, as notas, o boletim, o trabalho, a casa, as compras. É por isso que se fala muito da dupla jornada feminina.

Contardo – Que, na verdade, é tripla.

Maria Homem – Tripla ou quádrupla. A mulher desempenha esses vários papéis, sobretudo hoje, depois da revolução feminista ou feminina. Mulher, amante, esposa, mãe, trabalhadora, líder, cidadã... enfim, uma jornada de sete espirais. A dupla jornada é, na verdade, masculina, entre a realidade e a fantasia. O homem pode ser muito bem-sucedido tanto no trabalho como no amor, mas, ao mesmo tempo, para dar conta de seu universo imaginário profundo, precisa se ver como herói e fazer uma narrativa para si mesmo.

Contardo – E é muito importante entender que o homem não fantasia ser o Capitão América ou o Super-Homem. O homem fantasia ser Clark Kent, Peter Parker, Bruce Wayne...*

Maria Homem – Ou Humphrey Bogart, de *Casablanca*.

Contardo – Que justamente é um dono de bar que ninguém sabe que está militando na resistência. Ser médico ou advogado, por exemplo, é apenas a identidade secreta de algum heroísmo oculto. A realidade que o homem vive é a identidade secreta, a máscara que o homem veste no cotidiano, na vida concreta, onde ele é Clark Kent. Mas, na verdade, ninguém se dá conta, ele é o Super-Homem.

Maria Homem – Eu diria, em termos de afirmação, que o homem só suporta esse cotidiano, essa vida banal, mediana, porque essa vida prosaica seria a identidade secreta

---

* Identidade secreta do Super-Homem, do Homem-Aranha e do Batman, respectivamente. (N.E.)

atrás da qual se esconde quem ele realmente é. Pode tocar o dia porque o dia a dia não tem a ver realmente com ele, com sua natureza secreta e verdadeira.

Contardo – Por exemplo, uma fantasia masculina bastante frequente na neurose obsessiva, que é, sem dúvida, um traço mais masculino do que feminino (a ideia de que as mulheres seriam mais histéricas e os homens mais obsessivos realmente faz sentido), é que existiria uma parte do passado do homem que seria desconhecida por todos. Há muitos casos clínicos que revelam isso.

Maria Homem – Eu tenho um exemplo cinematográfico. É um filme com o ator Viggo Mortensen, *Marcas da violência*,* no qual ele interpreta um matador de aluguel, que muda de identidade. Ele incorpora outra vida, outro nome, forma uma família, tem filhos e, ao final, sua mulher descobre que, na verdade, ele é outra pessoa. Esse é o cúmulo da traição para ela, mas ele não entende muito bem por que ela se sente assim.

Contardo – A parte boa dessa história é justamente quando ele é descoberto e mata todo mundo.

---

* Filme americano de 2005, dirigido por David Cronenberg. (N.E.)

Maria Homem – Ou talvez quando ele mata todo mundo e é descoberto. Enfim, tem essa cena heroica, e a mulher fica pensando: "Oi? Quem é esse cara?".

Contardo – Exatamente. Mas, para os homens, é um momento de êxtase.

Maria Homem – É uma fantasia maravilhosa. E assim o homem pode suportar todos aqueles *churrascões* de domingo, toda aquela pescaria de sábado, pode trocar fralda de criança, porque o pensamento desse suposto passado lhe permite aturar a banalidade do real. É incrível isso, e está ligado a algo muito importante de que as mulheres se queixam, o chamado *emotional labor*, ou trabalho emocional, ou trabalho mental, ou carga mental. Falamos um pouco sobre isso no nosso livro anterior, o fato de que as mulheres fazem muito mais do que os homens, sobretudo no universo privado, da casa e dos filhos. Isso, aliás, ficou claríssimo na pandemia e na vivência da quarentena. Como se os véus dos pactos ditos e subentendidos entre masculino e feminino tivessem se revelado. Mesmo no campo do trabalho, as mulheres acabam fazendo mais tarefas, porque elas sabem onde estão as coisas, o que precisa ser comprado, o que tem que ser comunicado. Isso gera inúmeros conflitos. E a fala clássica dos homens é: "Mas você não me pediu para fazer isso. Você não me disse nada. Eu não sabia". Eles ficam sozinhos com os filhos, mas só com a condição de ligar 40 vezes para a mulher: "Onde está o pote? Onde está a fralda? Onde está a pomada de assadura?". Se a mulher vai viajar a trabalho, ela tem que preparar uma lista, elencar coisas e tarefas, e prever a babá, a avó, a tia, senão o homem realmente não sabe o que fazer, como se ele fosse inapto dessa cotidianidade. E hoje as mulheres se dão conta dessa estrutura, e se queixam disso. Elas dizem: "Chega! Eu não quero fazer isso. Não tenho tempo". Porque é tempo, trabalho, energia, custo.

A mulher produz menos e talvez ganhe menos pelo machismo estrutural e também porque está assoberbada, com uma criança aqui, uma sacola de supermercado ali e um computador no meio das pernas tentando responder a um *e-mail* de trabalho, enquanto o homem trabalha suas oito ou dez ou, que seja, catorze horas por dia, no meio das quais ele vê suas mensagens sossegado, faz seus telefonemas, quem sabe acesse uns *sites* interessantes, volta para casa e liga a TV. Mas, garotos, não dá mais, porque as mulheres também sonham e também fazem. De alguma maneira, estamos cansadas de ouvir: "Faça você, que entende melhor. Eu posso ficar com a criança e colocar para dormir, mas e se ela começar a chorar? É só com você que ela para de chorar". Ou: "A criança saiu da sua barriga. Você tem que saber melhor. A casa é mais sua. A cria é mais sua".

Contardo – Para fechar, por assim dizer, a questão das expectativas maternas e de como elas podem enlouquecer o menino, talvez a gente pudesse lembrar que elas também incluem a expectativa de que o menino, tentando ser o realizador de todos os sonhos, ultrapasse o pai, ou seja, torne-se o homem que o próprio pai não soube ser para a mãe. Até aí, tudo bem, mas o problema é que ultrapassar o pai significaria se tornar o homem que a mãe realmente queria, não "este" pai do qual ela se queixa. Com isso, ultrapassar o pai levaria o menino a uma zona perigosa, muito próxima da fantasia edípica de se tornar o homem ideal da mãe, o príncipe que a mãe esperava.

O menino combate essa ameaça dando-se a tarefa de proteger o pai de todas as maneiras possíveis. Por exemplo, ele pode, primeiro, desenvolver fobias angustiantes: vamos pensar em quantos meninos têm um medo atroz de palhaços, o que de fato é o medo de descobrir e aceitar que o pai possa ser um "palhaço", que eles acabarão fatalmente ultrapassando. Segundo, o menino pode passar sua pré-adolescência cuidando da saúde do pai, desesperado porque, sei lá, o pai fuma ou bebe ou não consegue se afirmar socialmente.

Maria Homem – E imagine essa questão nesse Brasil grande de meu deus, onde o desemprego, a prisão e o alcoolismo arrastam milhões de homens...

Contardo – É um grande drama da infância masculina: ser ou querer ser o homem que destronaria o pai, ou seja, o homem sonhado pela mãe, ou então ser ou querer ser o paladino e defensor de um pai enfraquecido, justamente para evitar se tornar o homem sonhado da mãe.

O mito do herói solitário

Maria Homem – Estamos falando aqui de um momento de transição em que o lugar do homem no espaço da guerra, da virilidade, da cavalaria e, eventualmente, no espaço público, capitalista, burguês, do trabalho e da produtividade começa a ser partilhado com as mulheres. Sobretudo depois da Revolução Industrial, elas entram no espaço público, e os papéis se embaralham. As brigas, os conflitos e as renegociações de papéis e funções têm relação com isso. É um momento de mudança de paradigma, não é brincadeira. É algo profundo o que estamos vivendo. É como se as mulheres também precisassem de uma fantasia para atuar no mundo, e os homens também tivessem o direito de ocupar o espaço da casa, do lar, da paternidade, da sensibilidade, da emoção e da sua sexualidade de outra maneira, de descobrir o seu corpo. Enfim, é um campo imenso de diálogo potencial.

É bom lembrar também que não dá para dizer que o cérebro de homens e mulheres é diferente. Os homens talvez tenham um pouco mais de neurônios porque a massa encefálica deles é maior. Mas as mulheres têm muito mais conexões e fazem mais sinapses.

Contardo – Sim, essa é uma discussão completamente insensata, por causa disso que você acabou de dizer sobre quem teria mais cérebro.

Maria Homem – Mais cérebro ou mais botões, para voltar àquela imagem clássica, quase um meme, de que o homem teria dois botões (a cabeça e o pau), e a mulher teria um cérebro multitarefa. Esse é um discurso ideológico. Todos os cérebros humanos são multitarefa ou não têm sobrevivência. Aliás, todos os seres vivos.

Contardo – Claro.

Maria Homem – Por exemplo, dizer que homem dirige melhor porque tem mais foco. Isso é falso. Para as companhias de seguro, mulher dirige melhor, provoca menos acidentes no trânsito (e têm apólices mais baratas). Ela pode dirigir carro, trem, navio, avião; avião grande, médio, pequeno, caça em altíssima velocidade e precisão. Vamos observar as mulheres americanas, francesas, israelenses, de todos os lugares, irem para o exército e veremos. O que estou dizendo é que, talvez, o cérebro masculino e o cérebro feminino tenham uma diferença muito menor do que supomos em nossos discursos, que são em alguma medida imaginários e marcados por sistemas que organizam a complexidade do real.

Contardo – No fundo, não sei se temos ciência suficiente para dizer que homens e mulheres são diferentes de um ponto de vista neurológico. Prefiro ficar com as diferenças que podemos verificar no comportamento. O que podemos dizer, por exemplo, é que o homem é um ser comprovadamente mais gregário do que a mulher. O que é paradoxal, porque o homem não gosta de se pensar gregário de nenhuma maneira.

Maria Homem – Ele tem a fantasia do caubói solitário.

Contardo – Sim, que é uma fantasia que a mulher não tem. Ela prefere imaginar que tem algo para se tentar juntos. E o homem adora a fantasia do caubói solitário, mas também adora um comportamento gregário, coletivo.

Maria Homem – Com uma lógica de gangue.

Contardo – Realmente, o homem sonha sempre com um individualismo extremo, e esse sonho provavelmente faz o poder de sedução da cultura norte-americana: meus três bons companheiros são "*just my rifle, my pony and me*" (meu rifle, meu cavalo e eu). Quando algum estudante de meus cursos sobre a modernidade ocidental me perguntava qual era para mim o primeiro romance moderno, eu sempre respondia que era *Robinson Crusoé* (1719).*

Talvez pelo próprio peso desse sonho de indivíduo solitário, o homem, paradoxalmente, está também (sempre ou quase sempre) pronto a renunciar à sua individualidade em nome de uma gangue, de um grupo, que pode ser de três ou de três milhões, não faz nenhuma diferença. O homem está sempre pronto a se enturmar, sobretudo para se tornar um canalha; é como se o grupo lhe permitisse baixar ou anular os padrões morais que ele respeita como indivíduo.

Sozinho, com seus "três bons companheiros" (e com sua consciência), o homem nunca jogaria gasolina em um indígena que dorme em um abrigo de ônibus, mas se ele se juntar a mais dois ou mais três, é capaz disso. O grupo lhe serve, no fundo, para se permitir atrocidades que, como cavaleiro solitário, ele não se permitiria. E, claro, para

---

* Romance escrito pelo inglês Daniel Defoe, conta a história de um jovem aventureiro que acaba naufragando em uma ilha deserta e sobrevivendo sozinho nela por muitos anos. (N.E.)

descansar do ideal pesado do cavaleiro solitário.

A mulher, por sonhar menos com uma vida solitária, acaba sendo menos estupidamente gregária. A mulher prefere e se permite relações concretas com pessoas concretas. Não é com as mulheres que se constituiria um grupo fascista.

O homem está sempre pronto a se enturmar, sobretudo para se tornar um canalha; é como se o grupo lhe permitisse baixar ou anular os padrões morais que ele respeita como indivíduo.

Maria Homem – Você acha que uma agremiação feminina seria estruturalmente menos autoritária e menos fascista do que um agrupamento masculino?

Contardo – Sim, porque acho que o homem foge do sonho de sua individualidade para o comportamento gregário. A participação das mulheres nas torcidas organizadas, nas gangues é em geral menor e menos estúpida do que a dos homens.

Maria Homem – O homem foge da sua individualidade e do seu desejo. E foge, para usar um termo técnico aqui, da sua castração. Foge da sua fragilidade, da sua vulnerabilidade.

Contardo – É a mesma coisa.

Maria Homem – É parecido, mas é diverso. Ele foge tanto de sua vulnerabilidade quanto de seu desejo, de quem é ele, de sua singularidade. Ele tem medo dessa singularidade.

Contardo – É que o desejo e a singularidade são exercícios complexos...

Maria Homem – É como se o homem precisasse fazer muito esforço no universo da fantasia para escapar disso que eu estava chamando de banalidade do real. Para escapar de seu limite, de sua fragilidade. Talvez o homem precise dar conta desse sonho de potência, de herói, e isso seja tão cansativo que ele acabe procurando descanso no coletivo. É difícil ser homem também, não é, Contardo?

Contardo – Sim, mas mesmo assim tenho tremendo desprezo pelas manifestações ou formações gregárias em geral.

Maria Homem – Sim. Acho que o desafio é continuar a ser homem e humano, desejante e eventualmente vulnerável, forte, fraco, o que seja, sem precisar se esconder atrás de identificações totalitárias, gregárias e que normalmente alimentam delírios.

Contardo – Vou retomar explicitamente o exemplo ao qual fiz alusão antes, para que fique claro. Há pouco mais de 20 anos, cinco jovens de classe média alta de Brasília, que não sabiam o que fazer da sua noite (deveriam ter ficado em casa se masturbando ou vendo uma reprise de *Os brutos também amam* na TV, teria sido melhor), acharam que seria divertidíssimo jogar álcool e colocar fogo em um indígena que dormia em um ponto de ônibus. O indígena se chamava Galdino.* Por sorte, foi o nome dele que ficou, e não o desses jovens. E estou totalmente convencido de que nenhum deles sozinho teria tido a ideia de fazer essa monstruosidade. Mas, a partir do momento em que eram cinco, aí sim. Aí, eles puderam renunciar à sua individualidade, inclusive aos freios morais básicos que os impediriam de fazer isso se estivessem sozinhos. Puderam renunciar a isso em uma cumplicidade. Agora, vamos pensar em cinco meninas. Nenhuma delas singularmente teria feito isso. Mas cinco meninas juntas também não o fariam. Isso é um fato. É por isso que digo

---

* Na madrugada do dia 20 de abril de 1997, cinco jovens de Brasília atearam fogo no líder indígena Galdino Jesus dos Santos (1952-1997), que visitava a cidade por ocasião das comemorações do Dia dos Povos Indígenas. Como não conseguiu entrar na pensão onde estava hospedado por causa do horário, ele procurou abrigo em um ponto de ônibus, quando o crime aconteceu. Morreu horas depois, em virtude de complicações provocadas pelas queimaduras. (N.E.)

que o homem é perigosamente gregário. E muito mais gregário do que a mulher.

Se existissem torcidas organizadas femininas, não precisaríamos colocar a torcida do time visitante em uma área protegida pela polícia. E não se trata da questão de ser mais ou menos agressivo. Uma mulher é perfeitamente capaz de matar, se necessário, para proteger algo que lhe for essencial, inclusive ela mesma, mas não pelo viés de um comportamento gregário. Essa é uma realidade que é interessante explicar: por que o homem, especificamente, renuncia e procura renunciar à sua individualidade, que inclui os seus próprios freios morais, para mergulhar em um quadro coletivo? Por que ele paga qualquer preço por isso? Ou seja, "o grupo vai queimar um índio. Eu não quero fazer isso, aliás, acho algo doentio, mas dane-se! Para estar no grupo, estou disposto a fazer". Ou, então, "eu não sou nazista, mas, afinal, para fazer parte do partido nazista, estou disposto a queimar judeu. Não tem problema, vou lá". Mas a mulher, não. Ela não está disposta a esse tipo de sacrifício de si mesma para participar de um grupo.

Maria Homem – Não está disposta nem precisa disso. Mas é como se o homem precisasse dessa aliança masculina para fugir do buraco central da sua própria fragilidade, da sua própria castração. Como se "nós dois combinamos isso, então, somos fortes *pra* caramba! Vamos destruir aquela vagabunda ali na esquina, vamos botar fogo naquele índio. Vamos fazer *bullying* com este moleque, com aquele *viadinho*, com aquela aberração trans". Já a mulher, talvez, tenha lá suas fantasias de rivalidade, de querer competir para ver quem é a mais bonita (matriz basal de inúmeros contos de fadas arquetípicos). Não é que a mulher seja bondosa ou santa, mas ela sabe que pode até querer ser a mais bonita, mas, no fundo, já está no lugar da castração. Ela não acredita muito na ideia fetichizada de beleza (ou de força, ou superioridade ou qualquer ideal abstrato e defensivo desse gênero).

A mulher pode até fazer uso da ferramenta da beleza, mas é como se ela tivesse uma consciência do limite, da falta, da não perfeição, da vulnerabilidade que está no corpo, que está inscrita na carne. É como se esse imaginário de força, potência, falicidade que recai sobre o masculino tivesse seu avesso no feminino. Esse imaginário pode estar em um suposto lugar privilegiado para o homem, e deixar a mulher, como diria Lacan, do lado do não todo fálico, mas também a tira da obrigação de ficar fingindo que isso é verdade, que vamos nos unir para ungir supostos falos e miragens de força, porque ela já sabe que é falso. A mulher já desacredita do falo. Ela já sabe que "beleza, posso ser feia, mas sou esperta". Ou: "Posso sentir medo, mas sou bonita". O homem, não. Ele continua fazendo alianças e o teatro da força, da superioridade, do sonho do heroísmo, do sonho da mãe, enfim, como já colocamos. É por isso que eu disse que é difícil ser homem, porque ele tem que continuar bancando esse lugar de macho ou de macho *pra* caralho (com o perdão do trocadilho), o que é muito difícil.

Tem outra crônica que é a seguinte: um garoto achou que seria superlegal jogar bombas na sede do Porta dos Fundos, depois daquele Especial de Natal em que Jesus aparecia como *gay*, e fugir para a Rússia.* Um juiz carioca decidiu que, "bom, realmente esse episódio atenta contra a moral e os bons costumes, então, vamos tirá-lo do ar".** E, aí, esse garoto, da Rússia, gravou um vídeo elogiando o juiz e dizendo: "O Brasil tem muito homem. O Brasil tem macho". Essa fala é reveladora do que estamos discutindo aqui e também do fato de que, se alguém precisa afirmar que o Brasil tem macho, é porque ele duvida disso. É um gesto desesperado. Eu diria para esse garoto: "Venha cá, deite-se aqui no meu divã e me conte qual é a sua questão. O Brasil tem macho? Como é isso? Fale mais. O que é macho para

---

* Na madrugada do dia 24 de dezembro de 2019, a sede da produtora do canal de humor Porta dos Fundos, no Rio de Janeiro, foi alvo de um atentado, em reação ao episódio especial de Natal que levou ao ar, retratando Jesus Cristo como homossexual. Na sequência, o autor do atentado fugiu para a Rússia. (N.E.)

** O desembargador Benedicto Abicair, do Tribunal de Justiça do Rio de Janeiro, determinou que fosse suspensa a exibição do especial de Natal do Porta dos Fundos após protestos de grupos religiosos. (N.E.)

você? Você precisou fugir? Você tem medo de quê? Algum medo deve ter aí... O que você acha que está perdendo? Qual é o lugar que está oscilante? O de macho, justamente?".

Por que as gangues são uma estrutura comum da adolescência masculina? Porque o adolescente está tentando não perder o imaginário do que é ser homem e, sobretudo, construir um homem forte e adulto, justamente em um momento em que está morrendo de medo. Ele tem que lidar com escola, provas, meninas, beijo, sexo, emprego, mercado de trabalho. Quanto mais ele pensa "não vou dar conta, não sei o que é transar, não sei o que é sexo, não sei se meu pau vai ficar duro", mais vai fazer a cena de que "sou macho *bagarai*, vou engravidar uma menina agora, com 15 anos. Aliás, vou engravidar as novinhas, 'mais de 20 engravidou' [esse imaginário entra em letra de música, inclusive].* Vou entrar para o tráfico. Vou meter bala na sua cara. Posso não passar na prova, repetir de ano, não fazer faculdade, ou posso fazer faculdade, falar quatro línguas e ficar desempregado, porque a vida está complicada. Então, tirem daqui esse bando de refugiados, de estrangeiros, de negros, latinos, mulheres. A América é para mim, o emprego é para mim".

* Referência à letra do *funk* "Mais de 20 engravidou", que tem várias versões. (N.E.)

Enfim, quanto maior o medo, maior a afirmação delirante de potência.

Talvez a mulher seja menos medrosa na base, porque está mais conectada com a realidade, que é sempre a realidade da falta, da fragilidade, da não totalidade, da não potência absoluta. É claro, a mulher pode fazer o delírio do amor com o outro: "Nós viveremos o grande amor; vamos fundar a família feliz, do bem". E aí existe o delírio, às vezes *borderline*, daquelas mulheres que amam demais. Mas é um delírio menor em termos de esgarçamento da tessitura social. É outro estilo de enlouquecimento e de fantasia.

Quanto maior o medo, maior a afirmação delirante de potência.

Contardo – Sim, essa é mais ou menos a resposta que temos para essa questão. Não estou totalmente satisfeito com ela, mas a constatação de que a diferença entre homens e mulheres é grande em matéria de gregariedade é ineludível.

Maria Homem – Isso é histórico, é só observar.

Contardo – Não tem como escapar. Outra constatação é que o século XX foi o grande século gregário.

Maria Homem – Com movimentos de massa, permitidos pela técnica e pelos meios de comunicação que conseguimos inventar, que conseguiram nos massificar a uma escala inédita até então (imagine no futuro!).

Contardo – Tivemos no século XX a criação de grandes partidos de massa, ações coletivas de massa, designação de massa de inimigos, de extermínio.

Maria Homem – E isso pelo rádio, pela TV, que a internet reitera agora, curiosamente.

Contardo – Talvez não fosse totalmente delirante, então, pensar que uma das respostas possíveis para a crise da identidade masculina (no sentido de que, de repente, o desejo feminino reaparece em cena e, portanto, a questão da sexualidade e do descontrole masculino, que tinha sido eludida, ressurge) seja a grande gregariedade. Por exemplo, acho extraordinário que ainda hoje o nacionalismo funcione. É verdade que existem mulheres nesse movimento, mas há, incomparavelmente, mais homens delirantes. Pensemos no Brasil. Se tem um lugar no mundo onde o nacionalismo não teria nenhuma razão para existir é no Brasil. Porque não há necessidade de se constituir aqui uma unidade nacional, não estamos na Alemanha ou na Itália do começo do século passado.

Maria Homem – Com 140 principados.

Contardo – Era uma situação totalmente diferente.

Maria Homem – O desafio era fazer um espaço uno.

Contardo – Por que seríamos nacionalistas aqui no Brasil? Patriotas... Queremos o quê? Invadir o Paraguai? Não consigo entender por que precisamos nos pintar de verde e amarelo, salvo em dia de jogo da seleção. Por que "Brasil acima de tudo"? Eu entendo "*Deutschland über alles*", Alemanha acima de tudo, porque esse é um hino que foi escrito em 1841 e tratava de unificar o país. Mas por que "Brasil acima de tudo"? Por que isso motiva pessoas a criar um partido político nacionalista? E em um lugar como o Brasil? Vamos fazer o quê? Recuperar áreas ocupadas por brasileiros em outros países? No Paraguai? Qual é o nosso problema? É um mistério para mim.

Maria Homem – Por outro lado, é compreensível, e o nacionalismo – ou melhor, a narrativa nacionalista – tem sido muito estudado como fenômeno, inclusive global.

Você tem razão, Contardo, em colocar em xeque o fenômeno nacionalista em si mesmo, justamente porque estamos diante do uso dessa ideia pela luta discursiva em jogo nos mercados epistêmicos contemporâneos. Nesse sentido, é muito curioso este momento histórico em que o Brasil se encontra. Ele está didaticamente dividido. Esse é o discurso de um terço da população contra explicitamente outro terço.

E há ainda outro terço que fica um pouco oscilante, tentando se localizar. Existe uma tripartição.

Contardo – Enfim, tudo isso nos interessa para dizer que a gregariedade é prevalentemente masculina. Ela continua operando desde o começo do século XX, e de maneira inquietante.

Maria Homem – A gregariedade opera já desde a infância. Na escola, as formações mais profundas de *bullying* são de grupos de meninos sobre meninos individuais cujo crime, basicamente, é não ter a diplomacia, a habilidade e a esperteza de se unir a esses grupos e guardar uma singularidade. Estão sozinhos contra os grupos. A estrutura do grupo é esta: um aglomerado de pessoas que combinam que pensam igual, sentem igual, têm uma visão próxima de mundo e se contrapõem a um ou outro que está fora. Mesmo que sejam muitos que estejam fora. É curioso isso. É como se, para saber quem você é, precisasse perguntar para o outro. E para fazer essa grande afirmação de quem é você, é como se, por um lado, tivesse muita dúvida e, por outro, muito medo de saber.

O recalque vai deixar de existir?

Maria Homem – O que é o grande recalque, nesse campo masculino/feminino? É saber que a construção do que seria ser homem é sempre falsa, porque ela recalca uma grande parte, que é sua própria "feminilidade" ou, mais precisamente, a ideia de vulnerabilidade, castração e passividade. Como já falamos aqui, e sobretudo em *Coisa de menina?*, temos um recorte histórico que colocou esses atributos "não fálicos", digamos, sobre o feminino. Acho que, nesse ponto, a mulher também sofreu uma cisão, como se ela só pudesse ser feminina a partir de um simulacro. Em última instância, o estereótipo da mulher é o da *mulherzinha*, toda de rosa, unha pintada e cheia de nhem-nhem-nhem. Uma bonequinha, enfim. As mães também educam suas crias um pouco assim, embora seja menos chocante uma menina poder correr, pular, brincar de lutinha, de pega-pega, do que o menino brincar de boneca. Porque o universo do feminino é "naturalmente" mais amplo.

Por exemplo, eu sempre fui uma menina moleca. E tudo bem. Não fui levada para cá ou para lá, e tratada ou patologizada. Nunca brinquei muito de boneca, nunca me interessei por isso. Acho que tive duas, apenas. Que eu me lembre, tinha meus livros, um laboratório de ciências, muitos jogos e corria com meus primos. E *o.k.* Acho que a menina moleca é mais apreendida pela cultura. Agora, para o masculino, a imagem é mais estreita e mais estrita. Se ele começa a querer brincar com as meninas, de casinha, de boneca, isso é visto como um problema. Como se mais tarde não fosse ser um pai, não fosse cuidar da casa, lavar louça. E isso assusta mais as mães: "O meu filho chora muito, é muito sensível. Será que ele é *gay*? O que está acontecendo?". É como se tivéssemos permitido aos homens uma subjetivação muito estreita, muito mais empobrecedora do que poderia ser um humano. Como é que eles vão lidar com isso? Procurando o apoio de outros para ajudar no recalque de todo esse vasto território que a gente – homens, mulheres, pais, mães, toda a cultura – expulsou.

Eu me lembro de *Dez* (2002), um filme iraniano incrível que vi, dirigido por Abbas Kiarostami, e que deixa muito claro o caldo cultural e o machismo embutido na relação mãe-filho, sobretudo filhos homens. Nas culturas patriarcais, teocráticas, machistas, o homem é criado como aquele produto que se espera que ele seja. E, no filme, a mulher é uma boa mãe ao educar os filhos assim. Mas é muito violento. Por isso, a transformação que estamos vendo, no seu melhor, é enriquecedora para todos. Para os dois lados, no mínimo. Para homens, mulheres e também bis, trans, *gays* etc. Estamos vivendo uma mudança de sensibilidade histórica, subjetiva, sociocultural em que os homens acham interessante poder ocupar o espaço da casa. É uma ocupação. É interessante ver isso na cozinha. Os homens hoje frequentam cursos de gastronomia. Tudo bem que isso tem seu charme, e por vezes eles recebem o nome de *chef*, mas toda a carga da responsabilidade da cozinha no dia a dia ainda recai sobre a mulher, o que traz de volta a questão do trabalho prático e mental, que é, sobretudo, feminino. Mas o homem também curte, e tem o direito hoje de curtir, estar com os filhos, vê-los crescer de perto. Não é mais como se o homem tivesse passado dez anos na guerra da vida e, na volta para casa, se desse conta: "Opa, Telêmaco! Você está com 20 anos, querido?". O cara agora conhece o filho, acompanha seu crescimento, escolhe a escola, sabe o nome dos amigos, acha interessante ver como se desenvolve um ser humano. Acho que estamos saindo dessa divisão social de gênero e trabalho que deixava uma pista heroica mais estreita para os homens.

Estamos complexificando para todo mundo. Vamos dizer que este seria um final feliz: a mulher poder ler, escrever, fazer matemática, astronomia, política, pesquisa, gerenciar, representar pessoas, digerir conflitos e eventualmente dirigir naves; e o homem, além disso, poder pensar o que é a vida do *oikos*,* sua reprodução, o que é habitar, decorar, o que é ergonomia, parede, cadeira etc. Estamos efetivamente vivendo uma grande transição de paradigma. A direção seria *genderless*, ou seja, o gênero não ser tão relevante. Mesmo geneticamente, o gênero é apenas uma perninha de vinte e três pares de cromossomos. É muito pouco dentro do todo. Mas a parte sexuada, mesmo sendo mínima, é fundamental. Um corpo gesta e o outro, não. Essa é uma diferença relevante, mas também mínima. Cada vez vai ser menos relevante. Por quê? Sobretudo por causa da técnica.

Estamos efetivamente vivendo uma grande transição de paradigma. A direção seria *genderless*, ou seja, o gênero não ser tão relevante.

A modernidade já deu um grande salto. Desde a Revolução Industrial, quando ela criou a

* Em grego, significa casa, habitação. (N.E.)

máquina, vem conseguindo tirar cada vez mais a carga de força do trabalho. Progressivamente, a técnica faz com que o formato do corpo dos seres seja mais indiferente, porque a máquina faz para nós. Não precisamos mais ser fortes para carregar sacos de cimento. Daqui a pouco, teremos grupos de mulheres construindo um prédio inteiro, porque tudo será feito pelo computador, que vai programar superguindastes para encaixar peças. E a tecnologia de materiais vai permitir construir esse prédio por uma impressora 3D de ponta e *in loco*.

Também na moda, a tendência é ser *genderless*. Os vestidos não precisam mais marcar o corpo e podem ser usados pelos homens. A moda, em seu surgimento como sistema discursivo, nos séculos XVI, XVII, hipertrofiava a diferença sexual a partir da diferença dos corpos. Esmagava-se, então, a cintura da mulher. A Barbie faz isso. E a mulher pode, loucamente, cortar a própria costela, fazer dietas, colocar mais peito ou mais bunda para diminuir proporcionalmente a cintura, mas a tendência da moda e do desenho é dizer: "Tudo bem, você não vai ser menos desejável ou menos feminina por isso". Talvez até já exista aí uma geração de homens que deseje mais a mulher sem batom do que aquela toda maquiada, por achar esse negócio de rosto pintado muito *fake*, muito estranho. Essa mulher mais andrógina talvez excite mais. Para mim, o andrógino, ou sem gênero, que ultrapassa essas clausuras binárias, aponta uma tendência relevante.

Contardo – Eu acharia ótimo, mas acho que o que se prepara para acontecer – e talvez já esteja acontecendo – seja o oposto.

Maria Homem – Vamos atravessar batalhas.

Contardo – Mas acho que vamos perder a guerra. Todos nós.

Maria Homem – Homens e mulheres, machos e fêmeas, bis, tris...

Contardo – Vamos perder a guerra no sentido de que acho que estamos vivendo uma tremenda volta do paradigma cristão, que se apresenta como instrumento da ordem e da governabilidade. Os números estão do meu lado desse ponto de vista, infelizmente. Os Estados confessionais provavelmente vão se multiplicar em vez de diminuir. Não seremos muito diferentes do Irã, por exemplo. Um Brasil evangélico seria totalmente igual a um Irã muçulmano. Existe um fundamentalismo que é muito forte e crescente nas classes populares e que consegue até fazer com que eu ache simpática a Igreja católica romana. É claro que, como a meteorologia, só podemos fazer previsões para os próximos sete dias, mas acho mais provável que tenhamos uma volta tremenda do recalque em cima do feminino e da existência de um corpo masculino, com um empurrão em direção à gregariedade masculina. No fundo, é isto que vejo: um monte de malucos com a cara pintada de verde e amarelo gritando feito loucos na avenida Paulista.

Maria Homem – "Ditadura já!"

Contardo – Também o que vejo é que a ministra mais popular do governo é uma lunática visitada por visões do Cristo em uma goiabeira.*

Maria Homem – Aliás, ela é a única mulher do primeiro escalão.

Contardo – O que vejo, em geral, é uma tremenda boçalidade, que é um termo que, para mim, tem um significado bem específico: é a propriedade de quem quer impor aos outros sua maneira de gozar e os seus recalques – isso, com o pretexto de fazer obra missionária e, claro, ajudar o próximo a "descobrir" a "verdadeira" religião. Também vejo o Brasil se alinhando, na ONU, com os governos mais sinistramente opostos à emancipação feminina básica

---

* Referência à fala da ex-ministra da Mulher, da Família e dos Direitos Humanos (2019-2022), em que relatava ter visto Jesus Cristo, que a teria feito desistir de tirar a própria vida após abusos sexuais sofridos na infância. (N.E.)

(por exemplo, opondo-se ao direito a um mínimo de planejamento familiar, como o uso de anticoncepcionais). Ou seja, constato o triunfo de um confessionalismo religioso opressivo e culturalmente miserável. E é isso que me parece estar no nosso futuro.

Será só uma tendência brasileira? Não sei. Não estou muito convencido disso. Vejo uma volta bizarra dos nacionalismos. Tenho certa tendência a ser pessimista, isto é, a prever ou imaginar que nosso futuro seja, de fato, o triunfo da religião e dos nacionalismos, se não dos racismos. Jacques Lacan, em 1973, fazia uma previsão parecida.

Maria Homem – Sim. No curto prazo e, eventualmente, no médio prazo. Se houver agora o triunfo da religião e do nacionalismo ou do racismo, que, de alguma forma, catapulta o fracasso do ambiente, o século XXII ou XXIII, que seja, não vai ser nem nação nem Cristo. Porque tanto o conceito de nação quanto o de Cristo são ficções, que foram muito úteis e sustentaram algumas mudanças culturais relevantes, mas que não se sustentam mais. Cristo não se sustenta mais porque é um tipo de exigência de vida, de comportamento, que não faz sentido hoje. Porque o cristianismo que venceu, que embasa o capitalismo absolutamente terreno e que está aí é cumulativo e hedonista. Portanto, toda a narrativa cristã *stricto sensu* está fadada ao fim. Claro, pode pegar carona no álibi da teologia da prosperidade, essa face da ideologia produtiva do capital e do consumo com um Estado cada vez mais enfraquecido. Haverá que se inventar, então, novas narrativas.

O Estado-nação também não tem muito sentido, porque, cada vez mais, o planeta é uno, é um só: a globalização econômica, as navegações, o ar que respiramos... Por exemplo, faz diferença, sim, colocar fogo na Amazônia. Não só para o Brasil, para o Equador, ou para a Venezuela; faz diferença para o mundo. Como faz diferença também quem produz e como produz comida. A comida não é uma questão só do Brasil, celeiro do mundo, alimentador do mundo. Faz diferença se a comida tem agrotóxico ou não, se o fluxo vai circular em cadeia refrigerada ou não. Tivemos uma pandemia em que tudo isso esteve em questão, por causa tanto do vírus e da sua circulação quanto das formas de dar conta dos dados, da pesquisa e da produção de estratégias, medicamentos e vacinas. Queiramos ou não, navegamos no mesmo mar, e a terra é uma só, um vasto sistema complexo entrecruzado.

Quais são as fantasias que estruturam a vida concreta das pessoas – as que respondem melhor à realidade? No longo prazo, esses dois grandes pilares simbólicos – Cristo e o Estado-nação – não vão mais ter tanta função quanto já tiveram. Por isso, o futuro próximo pode ser de um jeito, mas não o futuro longínquo. É da estrutura da técnica e da vida no mundo ser cada vez mais indiferente à diferenciação sexual. Até a reprodução talvez possa vir a prescindir de um corpo de fêmea. A primeiríssima reprodução celular já pode ser feita *in vitro* – estão aí a FIV e os caros tratamentos de reprodução assistida humana para aqueles que não conseguem ter filhos. Se pensarmos em termos de história dos cosmos, isso é sensacional. Quanto tempo levou para existirem planetas, gases, o sistema solar, a galáxia, a água, a vida, o *Homo sapiens*? O planeta Terra tem bilhões de anos. Ainda precisamos de um útero, mas, daqui a pouco, conseguiremos replicar cada vez mais células em um ambiente vascularizado a uma temperatura tal. Alguém duvida disso? Sinceramente?

Contardo – Eu penso que sete oitavos do que você disse, praticamente, seriam suficientes para você ser queimada viva, porque a Terra foi criada em sete dias. Seis na verdade, porque no sétimo o senhor descansou.

Maria Homem – Eu posso ser queimada, mas o século XXII vai ser dessa maneira. *O.k.*, o século XXIII.

Contardo – Não posso dizer "veremos" porque não estarei vivo.

Maria Homem – Eu ousaria dizer "veremos" e também não estarei viva. Sem dúvida, não estarei, ainda mais porque vou ser queimada. Sei que parece que estou falando absurdos. Enfim, como vai ser, o que vamos inventar em troca desses pilares que estamos perdendo e pelos quais estamos sofrendo, nos angustiando e nos reafirmando profundamente, eu não sei. Mas estou achando muito interessante pensar sobre isso e, inclusive, contribuir para essa criação. Estamos vivendo um momento incrível, sem dúvida, a transição de uma era. Acho um privilégio viver agora, embora o mundo esteja complexo. Com a espécie humana sobrevivendo e dizimando cada vez mais, talvez o planeta seja devastado. Mas o universo é muito grande, então não sei nem vou ver o que vai acontecer. Mas, como consciência, como vida, como intelecção, estou curiosa para saber.

Contardo – Curioso estou sempre, mas não boto fé nisso.

Maria Homem – Onde vamos botar a fé? Essa é a pergunta.

Contardo – A covardia da subjetividade humana é muito grande.

Maria Homem – É vasta.

Contardo – Vivemos dois mil anos de traição de nossos próprios desejos. Não deveria me queixar; afinal, foi o que fez com que os psicanalistas nos tornássemos hoje necessários e relevantes. É possível, aliás, que o surgimento da psicanálise seja o sinal de que os dois milênios cristãos entraram em algum tipo de colapso.

Maria Homem – É um colapso bem-vindo. Como qualquer colapso, acho que ele revela que não funciona mais. Não é o melhor sistema mental, simbólico, político, social para se viver. Vou dar um exemplo histórico: por milênios, acreditamos que a Terra fosse o centro do universo. Era o que fazia sentido. Se o Sol se levanta e abaixa, então, ele está se movimentando, e nós estamos aqui, parados. Enquanto isso, aproveitamos para inflar o nosso narcisismo e acreditar que existe uma figura transcendente a nós, superpoderosa, que nos criou e nos colocou como polo da criação, no centro, no topo da hierarquia de todos os animais. Até que chega o momento em que inventamos instrumentos técnicos para ver melhor do que o olho, quando conseguimos fazer mensurações para além do sentido de um indivíduo, de um olhar só. Um olho só não vê perspectiva. Criamos, então, um teleolhar, o telescópio, e vimos que a Terra não é o centro do universo.

"Talvez seja o único lugar onde exista vida", "talvez seja privilegiado", "Deus existe, sim", "a Terra é plana" – você pode dizer isso, pode fantasiar isso. Mas eu vou lhe contar: um, a Terra não é plana; dois, ela não é o centro do universo; três, esta é só uma galáxia. Não tem nenhum volteio teológico ou metafísico que garanta o que você queira, porque a realidade é soberana. Em última instância, a realidade se impõe. Você pode ter um pênis entre as pernas, *o.k.* Mas é só um pênis. Assim como é só uma vagina, é só um corpo, é só uma vida, é só um pequeno planeta. Existe essa coisa raríssima que é a vida, que, até onde o nosso olho alcança, não tem igual. Não tem outra organização de vida, pelo menos escutável. Vamos ser fortes para segurar essa onda?

Contardo – Mas saindo do futuro, que, para mim, é um campo bastante minado...

Maria Homem – Não, estou falando de presente. Estou dizendo que podemos lutar contra a ideia de que os corpos são plurais, desejantes, livres e sexuados. Podemos querer recolocar a mulher em um lugar de castidade, de religiosidade, de abstenção, de abstinência. Mas, mesmo assim, a mulher goza. A mulher deseja e quer fazer sexo.

Contardo – Mas o fato é que há uma extraordinária presença, e não acho que seja só midiática, do feminicídio.

Maria Homem – Sim. Mas isso vai durar mais quanto tempo? Não vai ser mais que 20 anos. Porque está na lei, feminicídio é crime. Assim como ofender *gay* é crime.

Fazer apologia ao nazismo é crime. Matar é crime. O homem sempre matou a mulher. Quando foi crime? Agora é. Portanto, é uma evolução. Talvez o feminicídio como fenômeno, em termos absolutos e comparativos, esteja até aumentando. Mas antes o homem matava a mulher por honra.

Hoje, vejo uma evolução, porque, em primeiro lugar, você não pode matar; e se fizer isso, vai para a cadeia; e, por fim, estamos nós, mulheres, conscientes disso e fazemos denúncias. Existe a Lei Maria da Penha.* Não vejo, então, esse futuro próximo tão sombrio. Também não o vejo como claro, mas ele não é tão sombrio. Sobretudo se olharmos para o passado, quando é que uma mulher podia falar: "Ei, você vai me matar? Isso não pode. Vou pegar o telefone e contar para alguém, vou filmar"? Ela ficava quieta. Porque, se o homem queria matá-la, é porque ela devia ter feito algo errado.

Você sabe, Contardo, a clínica revela que mulher que apanha pensa: "Ele me bateu. Eu fiz alguma coisa errada. Eu mereço a punição". Ou, então, "se ele me bate é porque me ama". Inclusive, há testemunhos e estudos que apontam

---

* A Lei Maria da Penha foi sancionada em agosto de 2006, para punir a violência doméstica e familiar contra a mulher. A lei recebeu esse nome em homenagem à farmacêutica Maria da Penha Fernandes (1945), que sofreu duas tentativas de assassinato pelo então marido. (N.E.)

que é por isso que muitas mulheres sofrem anos práticas de assédio em silêncio. Até o fato de poder compreender, e ainda mais denunciar, o que está acontecendo é transpor barreiras. Foi isso que permitiu que situações extremas, como os casos Harvey Weinstein e João dito de deus,* se perpetrassem durante décadas. Isso está muito profundamente arraigado no inconsciente dessas mulheres. Mas agora é o momento em que a mulher pode dizer: "É crime. Não pode. Não fiz nada de errado. Posso, sim, usar este decote, posso, sim, usar esta saia, posso, sim, sair para beber. Não sou uma mulher vadia. Não sou vagabunda. E se for também, qual o problema? Eu gosto de festejar".

Contardo – Tudo bem, mas isso não corresponde plenamente à realidade. O fato é que, praticamente, não passamos um dia sem ter notícias de casos de feminicídio. Podemos dizer que, hoje, os casos são efetivamente muito mais noticiados do que antes – é possível que seja, em alguma medida; ninguém tem estatísticas que sejam aceitáveis e comprovadas. Mas, nós mesmos, durante as nossas viagens para promover o *Coisa de menina?*, falamos repetidamente que existem formas de feminicídio que parecem novas. O

* O ex-produtor de filmes norte-americano Harvey Weinstein e o médium brasileiro conhecido como João de Deus foram ambos condenados por crimes sexuais, em casos de grande repercussão. (N.E.)

feminicídio da ex, por exemplo, é um fato extremamente interessante porque as mulheres não matam o ex. As mulheres matam o marido, o amante, o namorado. Mas, algo absolutamente extraordinário nos últimos tempos, não só no Brasil – há estatísticas africanas, europeias, americanas, no mundo todo, enfim –, é uma epidemia de assassinato de ex: ex-mulher, ex-namorada etc. Não é ex do tipo que o casal se separou ontem e o cara volta para matar a mulher. Não, é ex de muitos anos atrás. Isso é um registro de experiência masculina que deve ser interrogada: o que acontece? Por que um cara faz isso geralmente sabendo que vai se dar mal? Porque, em muitos casos, ele se suicida depois. E nos outros casos, em que ele é pego, vai para a cadeia.

O que acontece para que o cara, mesmo tendo refeito a vida com outra mulher, volte e mate a ex? Às vezes, a ex que lhe deu um filho ou uma filha. Não é que o homem tenha sido "danificado" para sempre por causa da separação. Eu acho que o problema é a absoluta incapacidade masculina de lidar com o fato de que a mulher tem um desejo autônomo. O homem não aceita a ideia de que a mulher, depois dele, continue desejando. De que ela tenha um desejo fora da relação com ele. Existe,

O homem não aceita a ideia de que a mulher, depois dele, continue desejando. De que ela tenha um desejo fora da relação com ele.

realmente, uma dificuldade psíquica masculina de aceitar o fato de que a mulher seja um sujeito. E isso depois de mais ou menos 150 anos de luta feminista, uma evolução que parece extraordinária. Afinal, temos **Angela Merkel**, tivemos **Margaret Thatcher**, **Dilma Rousseff**...

Maria Homem – É muito pouco. É muito incipiente. E estamos começando a poder compreender a presença da mulher como sujeito, tanto no território privado quanto no espaço público. Cada vez mais somos levados a subjetivar a imagem de uma mulher livre e desejante. E veja, com o desafio da pandemia, como diversos países liderados por mulheres se saíram melhor do que vários outros. **Jacinda Ardern** na Nova Zelândia e Merkel na Alemanha, além de nomes que agora ficaram conhecidos, como o da presidente de Taiwan **Tsai Ing-Wen** ou as primeiras-ministras da Dinamarca e da Noruega. Curiosamente, na outra ponta, dos países que mais fracassaram em conter o coronavírus e explodiram em números de mortos, temos as figuras de supostos machos negacionistas que apelam para narrativas fetichizadas de si próprios. Figuras que, aliás, prefiro não citar os nomes em nosso livro, para que sejam esquecidas o mais rapidamente na lata de lixo da história. De qualquer forma, o ano de 2020 foi histórico, também por nos levantar a questão: haveria algo no estilo feminino de fazer que pode ser mais interessante para nós como espécie?

Contardo – Concordo, mas parece que o homem tem algo que faz com que a existência do desejo feminino ainda lhe seja tão difícil, tão inadmissível quanto foi no século XIX e antes disso. Em linhas gerais, é como se existisse uma ameaça que, para o homem, fosse intolerável. Porque, provavelmente, tem relação com tudo o que já falamos aqui, ou seja, "se a mulher tem desejo, então, cadê o meu? Eu talvez tenha um corpo, porque a mulher me excita. Mas, se eu tenho um corpo, catástrofe, porque todas as minhas certezas são, no fundo, construídas ao redor da repressão do meu próprio desejo", ou seja, do autocontrole. Não vejo isso mudar, embora, por um lado, acho que exista, sim, uma volta dos desejos que eram objeto de uma repressão direta, e, aí, alguma coisa se aliviou. Por exemplo, certamente é melhor ser travesti ou transexual hoje, não digo no Brasil todo, mas no Rio de Janeiro ou em São Paulo, do que 60 anos atrás. Do que 50 anos... não estou convencido, teríamos que discutir. Talvez seja pior ser travesti hoje do que 50 anos atrás. Na época dos Dzi Croquettes,* talvez fosse mais fácil ser travesti no Brasil do que hoje, não sei.

---

* Grupo carioca de teatro e dança criado em 1972, trazia homens vestidos com trajes femininos à frente de temáticas ligadas à travestilidade, usando o deboche e a comédia de costumes como meio de crítica social. (N.E.)

Maria Homem – Hoje, tudo está complicado. E, como o fenômeno é bem mais difundido e exposto, nos assustamos mais e, portanto, batemos mais. Nos defendemos mais. Mas do ponto de vista subjetivo, é bem menos estreito o espaço possível para se reconhecer como homo ou transexual ou todas as letras do alfabeto.

Contardo – Sim, talvez seja mais fácil para quem é atravessado por essa dinâmica, por essa problemática, se revelar pelo menos para si mesmo. Mas tenho dúvidas quanto à real aceitação da sociedade. Se meu filho fosse trans, eu estaria muito preocupado. Não porque seria contra, mas porque o nível de aceitação social ainda é absolutamente mínimo. Estaria preocupado pela possibilidade de ele viver dignamente. A minha problemática, nesse caso, seria tentar ajudar esse menino a emigrar. Eu buscaria lugares mais civilizados, Amsterdã, Berlim talvez, mas certamente não aqui no Brasil. Nós estamos absolutamente tomados de ódio, e isso faz parte da posição masculina. São os homens se defendendo contra o possível acesso ao seu próprio desejo, ao seu próprio corpo, que eles consideram como riscos de feminização. São os homens lutando contra suas próprias fantasias de feminização. Lutando de que forma?

Maria Homem – Matando uns aos outros.

Contardo – No ano da gripe aviária, meu filho, que estudava na França, ia fazer intercâmbio na China por um ano. Como a China fechou completamente, ele resolveu vir para o Brasil. Foi parar em Curitiba, para cursar o terceiro ano de uma faculdade de administração de alto nível. Na primeira semana, fez um monte de amigos. Pensou: "Que maravilha, os brasileiros são superacolhedores". Ele foi convidado para sair à noite e descobriu que o programa desse pessoal consistia em ir de carro a uma rua onde tinha prostitutas e travestis para jogar laranjas neles.

Maria Homem – Esse era o programa da burguesia curitibana.

Contardo – Esse era o programa "divertidíssimo" da burguesia curitibana que estudava no terceiro ano de uma faculdade particular de reputação internacional e você quer que eu seja otimista? Não sei, o caráter desprezivelmente gregário dos homens é muito grande. O meu filho se salvou. Ele me ligou e disse: "Que país é este?". Mas acho que a posição dos nossos governantes imediatos não é diferente da desses jovens jogando laranjas em travestis. É a gregariedade masculina, tremendo esforço de repressão sobre si mesmo, que se transforma em repressão dos outros. O mecanismo é igual.

Maria Homem – Mas existem, no contexto social global – província, capital; hemisfério Norte, hemisfério Sul –, cada vez mais práticas para além do paradigma heteronormativo. Isso é um movimento global, uma onda considerável que tem massa crítica e já foi posta em ação.

Contardo – Não sei. Eu sei que me pergunto, às vezes, se a massa crítica não existe só para justificar uma repressão bem maior. Não sei se não é isso. Não sei, absolutamente, para onde isso vai. O fato de existir uma massa crítica aparentemente maior não me garante nada.

Maria Homem – Eu lembro que na minha época de escola o menino *gay* era muito mais marcado. Era uma marca muito clara, o "viadinho", o *gay*. Isso era *bullying*. Hoje, vejo uma diferença grande. Eu, que dou aula há alguns anos, sinto esse movimento. É claro, você pode falar que dou aula para jovens de faculdade, em São Paulo, de classe AB, que representam o que tem de mais cosmopolita possível no Brasil hoje. Mas a relação deles com o corpo, com as identidades ditas sexuais é muito mais fluida. Essa fluidez, essa dissolução de lugares estanques binários são um traço da modernidade. Acho muito difícil uma volta a toda a repressão, toda resistência a isso, a todo um conservadorismo de supostos parâmetros morais anteriores. Essa mudança está na música. É Anitta. É Karol Conká. O desejo só é heteronormativo? Não, não é. Se conseguimos agir assim por alguns milênios e tivemos uma cooptação de vários vetores que possibilitaram isso, eu não vejo todos eles superalinhados hoje para entrar em novos milênios de repressão desta verdade muito simples, que é o corpo ser plural.

Contardo – Tito Lívio conta que, no Primeiro Império, era insuportável morar em Roma, porque era uma zona. A cada esquina, havia bacantes gritando, tocando címbalos, clarinetes, dançando peladas, transando e cultuando Baco.* Duzentos ou trezentos anos depois, não havia uma estátua de Dionísio que não tivesse sido martelada ao chão, não havia mais nenhuma bacante, nenhum culto do qual as mulheres pudessem participar. Todas as grandes bibliotecas clássicas tinham sido queimadas, inclusive o que restava da biblioteca de Alexandria.** O mundo clássico tinha sumido completamente. Cerca de 80%, senão 90%, de sua produção escrita tinha sido queimada ou destruída propositalmente pelos cristãos. Desde então, foi preciso esperar muito tempo para que a razão prevalecesse

---

* Deus romano do vinho, da loucura e da fertilidade. (N.E.)

** Uma das mais importantes bibliotecas do mundo, foi construída na cidade de Alexandria, no Egito, provavelmente no século III a.C., durante o reinado de Ptolomeu II. Por quatro séculos, abrigou o maior patrimônio cultural e científico da Antiguidade. Foi destruída por um incêndio, mas nunca se soube o que ou quem o provocou. (N.E.)

novamente. Agora, passaram-se 250, 300 anos desde o ápice do Iluminismo.* O mundo, quer dizer, a mente humana, abriu-se por um tempo. Mas talvez estejamos no fim disso, talvez a gente esteja na véspera de um novo grande fechamento.

Maria Homem – Não sei se é dialética hegeliana ou não, marxista ou não, enfim, eu diria que a gente segue em circuitos de espiral. Você fala de Roma, mas é como já dissemos: a realidade não era tão ampla para as mulheres, a própria ideia de subjetividade, de sujeito de direito era muito mais restrita. Hoje, temos a concepção de que todos os seres humanos são iguais perante a lei. É uma ideia de subjetividade, de direito, de Estado bem diferente. Podemos dar uma volta na espiral, mas ainda é uma espiral. Ela tem a sua força. Devagar, vamos ampliando o cenário. Tudo bem, ele pode chegar ao fim. Vamos ver como será o próximo Renascimento, então. A natureza e seus mecanismos de evolução conjugam competição e cooperação. Também não sei se sou muito otimista, porque, quando digo que se sobrevivermos ao século XXI o século XXII será outro, mais livre e mais plural, estou imaginando algo muito mais

---

* Movimento intelectual surgido na Europa no século XVIII, que se pautava pelo pensamento lógico para criticar o poder absoluto da monarquia e da Igreja católica. (N.E.)

radical: que talvez a gente se mate como espécie. Que, talvez, nós, mulheres, tenhamos chegado muito tarde para fazer o debate na casa-Terra. Talvez os meninos, com a sua competitividade, que é um valor capitalista supremo, já tenham feito a guerra e destruído tudo.

Amor, sexo e violência

Maria Homem – Um assunto que merece atenção, que tem relação com o feminicídio, é a questão do abuso, do assédio. Você acha que os homens (talvez em parte sempre meninos) procuram andar com a proteção imaginária de uma "carta na manga" sempre pronta a usar, que teria a ver com o controle, o domínio e o uso da violência?

Contardo – Não quero defender Harvey Weinstein, que realmente era e é ridículo: "Eu sou produtor, então vou sair aqui de roupão aberto, você vai ver". Parece também que ele era impotente...

Maria Homem – Veja que interessante, talvez por isso precisasse trabalhar por muito poder e dinheiro...

Contardo – Pois é, a gente começou com isto: ninguém manda no seu pênis. Enfim, para mim, Weinstein é mais patético do que outra coisa. Só que ele era extremamente poderoso em Hollywood. Para tentar entender o assédio e sua incrível frequência: fundamentalmente, o homem tinha que ser poderoso e provedor. Isso era o que o qualificava como homem, não sua sexualidade. Supunha-se que ele fosse amado por uma ou várias mulheres por ser poderoso e provedor, não por ser bonito e sedutor.

Maria Homem – Não por ter uma barriga durinha... Isso seria muito *gay*.

Contardo – Se o corpo dele fosse desejável, automaticamente o homem seria considerado *gay*.

Maria Homem – Os homens demoraram a ter um corpo.

Contardo – Os homens voltaram a ter um corpo no século XX, como já dissemos. Foi preciso que as mulheres voltassem a aparecer como desejantes para que eles, de repente, se dessem conta de que podiam ser desejados por outra coisa mais que, simplesmente, por serem poderosos e provedores. A descoberta de que, então, existia uma sexualidade masculina, que podia ser expressa, a ideia de que podiam ser desejados por seus corpos, de que não precisavam esconder seu órgão sexual por ele ser incerto, que ele podia funcionar, mas às vezes não, isso deu um sério *tilt* na cabeça dos homens de muitas maneiras. Eles ficaram apavorados com a possibilidade de ser feminizados por essa descoberta: "Ah, caramba, o meu corpo é desejável como o corpo de uma mulher".

Maria Homem – De ser um homem-objeto.

Contardo – Essa sempre foi a razão pela qual, fundamentalmente, os pais – como plural de pai – têm uma grande dificuldade com a ideia de ter um filho homossexual, porque imediatamente receiam que o afeto tenha algo de sexual. Muitos pais, quando abraçam o filho, têm todo aquele cuidado para não ficarem muito colados. Os homens se deram conta de que podiam ser objeto do desejo dos outros e se perderam nisso, realmente. Isso aconteceu na época da dita liberação sexual, de 1965 em diante. Teve um momento em que era proibido dizer "não" ao outro. Era politicamente incorreto.

Maria Homem – "Proibido proibir" era imperativo máximo.

Contardo – Inclusive, era proibido dizer: "Não quero transar com você, não estou a fim". A recusa não era compreendida. Portanto, é preciso colocar a posição do homem assediador nessa perspectiva, porque o cara não entende. Um dia lhe dizem que ele é desejável, que tem um corpo e que esse corpo pode ser desejado. Ele não sabe muito bem como fazer e mete a mão na bunda de uma mulher. Ela diz: "Tire a mão daí, seu porco". O homem realmente fica sem entender. Ele tem dificuldade para reconstruir os parâmetros relacionais a partir dessa nova realidade. Passou de uma situação em que podia pensar que, como provedor, tinha todos os direitos (não só sobre sua esposa, mas sobre todas as mulheres que poderiam depender dele, se não sobre todas as mulheres, ponto) a uma situação em que lhe disseram que ele podia ser desejável porque as mulheres também teriam desejo. E de repente não entende por que todas as mulheres não estão loucas por ele (e imagina que, se dizem que não estão, é porque elas reprimem seus desejos).

Maria Homem – Essa, em última instância, é a matriz da posição do estuprador: "Como assim, você não deseja? Vou mostrar que você quer, sim". Ou, justamente, na inversão: "Vou te penetrar, você querendo ou não, pois não suporto me colocar na posição de depender do seu desejo e do seu aval para a minha ação". Em termos mais cotidianos. "Pago ou não a conta? Abro ou não a porta do carro? Ligo ou não no dia seguinte? Não, não posso ligar porque vou dar muito mole e ela vai me achar um fraco". Está complicado esse jogo! Antes, era mais simples: um era todo atividade; a outra, toda passividade. Portanto, estava tudo mais ou menos combinado. O homem faz a corte, a moça se deixa cortejar. Agora está mais complexo: todo mundo é sujeito. Isso dá mais trabalho, sem dúvida. Todo mundo tem corpo, todo mundo tem desejo, todo mundo fala e todo mundo pode abordar o outro. Complicou muito!

Contardo – A desejabilidade do corpo masculino introduz uma questão que, para os homens, não estava nada clara. Isso não significa que todo corpo seja desejável. Nem que o seu corpo seja desejável logo para quem você vai se propor. Isso é muito complicado. É preciso de gerações para que seja integrado e compreendido. É difícil.

Maria Homem – Sim, é isso que quero dizer. É preciso de gerações para que uma mudança dessa magnitude penetre o cotidiano inconsciente da nossa vida. É preciso de muita elaboração. Mas é por isso que não vejo um presente ou um futuro próximo só de trevas.

Contardo – Existe, sem dúvida, especificamente a partir dos anos 1960, uma crise da masculinidade. E ela não terminou de acontecer.

Maria Homem – Ela só está em etapas mais sofisticadas, mais sutis.

Contardo – E é relativa às mudanças na posição das mulheres. O ressurgimento do desejo feminino como algo que tem direito de presença produziu e produz, imediatamente, efeitos do lado masculino.

Mas antes mesmo do assédio, há outra coisa: o próprio recalque cultural do desejo feminino, que é um fato bem concreto – a ideia de que as mulheres não teriam desejo sexual. Isso situa o homem inevitavelmente na posição do estuprador ou, no mínimo, do abusador. É uma posição complicada. De um lado, se a mulher não tem desejo, transar com ela só se daria pela violência e pelo abuso, impondo-lhe uma transa que ela não deseja. Aliás, faz-se necessário para o homem achar graça no abuso e na violência, sem os quais não haveria sexo praticável. Do outro lado, apesar do recalque cultural do desejo feminino, o homem não pode não suspeitar que lá, escondido, reprimido, silenciado, esse desejo siga existindo. E de novo surge a ideia de que pelo abuso e pelo estupro ele revelaria à mulher o próprio desejo dela, que ela ignora. O homem fica nessa alternativa: ou está estuprando para revelar o desejo feminino à força, ou está estuprando porque mulher é só à força mesmo, já que não existe desejo. Seja como for, o recalque cultural do desejo feminino, que começa com o cristianismo e dura até o feminismo dos anos 1960, é diretamente responsável pela violência contra a mulher ao longo de quase dois milênios.

Maria Homem – Isso, sem querer desculpar os homens...

Contardo – Claro, não se trata de desculpá-los, até porque eles são cúmplices desse recalque. Especificamente os homens compraram as divagações malucas dos barbudos que inventaram o cristianismo dos três primeiros séculos.

Maria Homem – Também não se trata de demonizar os homens ou de partir de uma teoria simplista de que eles são "boçais, patriarcais, machistas, misóginos, autoritários, agressivos e violentos" – muito pelo contrário, estamos escrevendo um livro inteiro também para reconfigurar esse clichê. Ainda assim, voltando ao assédio, parece que é muito difícil para um homem mais clássico, digamos, exercer algo que é bastante específico, que é a escuta. É como se, durante séculos, para não dizer milênios, o escutar – no sentido mais amplo do termo, de ter uma abertura para sair do seu eu e ouvir o outro, de ser empático com esse outro – fosse, sobretudo, uma atividade feminina. Talvez pela longa prática materna. É da estrutura da maternidade ter que ler o seu bebê, já que ele não fala. Esse exercício de reconhecimento de alteridade, de escuta talvez seja mais difícil para o masculino. Esse jogo mais complexo implica uma dança e um diálogo com ou sem palavras: "Se eu coloco a mão aqui e ela desvia, mas não tanto, acho que posso avançar um pouco. Mas ela falou 'ai', então isso é 'não'? Ou não é 'não'?".

Contardo – Concordo. Agora, você está falando de uma abordagem específica, que não tem relação direta com a chantagem ou com o abuso de autoridade. Se você me diz: "A menina foi entregar a prova, e o professor enfiou a mão na bunda dela", aí a questão é abuso de autoridade, abuso de poder.

Maria Homem – Que também está ligado àquele imaginário de potência de que nós falávamos.

Contardo – Totalmente, mas acho que temos que separar as situações.

Maria Homem – A definição de assédio implica uma diferença de poder. É o que está na lei.

Contardo – Sim, a diferença de poder define o crime. O problema é que existe uma forma de assédio que é, simplesmente, um certo tipo de investida sexual. Uma cantada, por exemplo, pode ser considerada assédio.

Maria Homem – Exato, uma cantada pode ser considerada assédio? Quando e como? Toda essa discussão divide, inclusive, o feminismo. Teve o embate entre americanas e francesas um tempo atrás.* Talvez seja difícil mapear precisamente as fronteiras do jogo de sedução e dominação. Mesmo porque, como sabemos e Freud talvez tenha sido o primeiro a revelar, sexualidade e agressividade podem ser texturas que bebem na mesma fonte. Ou seja, como já falamos – e aqui temos um nó da questão –, muito da força da pulsão sexual se entrelaça com forças de dominar e, literalmente, comer o outro. Não por acaso temos essa palavra, esse significante, para falar de sexo. O "intercurso" é penetrativo, invasivo, comestível. E, se de comum acordo, é sua parte mais interessante, aí podemos nos descobrir outro a partir do contato com alguém. Tem sempre um certo embate de forças em jogo.

Contardo – Sim, mas eu gostaria de colocar essa questão da perspectiva do homem. Hoje, é muito complicado para o homem mediano saber até onde ele pode declarar seu desejo. Saber qual é o limite do mau gosto ou não, do ofensivo ou não.

---

* No início de 2018, um grupo de cem artistas, intelectuais e acadêmicas francesas assinou uma carta aberta em favor da liberdade dos homens de "cantarem" as mulheres. Esse manifesto foi publicado como resposta ao movimento MeToo, campanha contra o assédio sexual popularizada após várias denúncias de abuso na indústria cinematográfica americana virem à tona. (N.E.)

Maria Homem – Talvez isso esteja no coração dos problemas de relacionamento entre as pessoas hoje, como a clínica mostra claramente. Existe um mal-entendido gigantesco: "Eu queria ficar com ela, mas ela achou que eu não queria muito ou que estava querendo ficar com outra, então ela não ficou comigo e acabou ficando com outro. Aí eu também achei que eu não queria e, no fim, acabei achando que queria ficar com outra". Curioso, não? Sim, isso mesmo, curioso e confuso, pois estamos enredados em uma vasta teia que interroga justamente o enigma do desejo, o desejo do eu e o desejo do outro, esses impossíveis. O que aparece também nas ruminações extensas sobre: "O que será que o outro achou do que fiz ou deixei de fazer? O que será que eu deveria ter feito ou não deveria ter feito de jeito nenhum?". Justamente porque existe essa transição de lugares, uma complexificação dos lugares tradicionais de quem é ativo e de quem é passivo, que estavam separados por gênero, sendo o ativo colocado sobre o masculino e o passivo sobre o feminino. Agora, estamos em um momento histórico, cultural e subjetivo de transformação dessa antiga regulação do comportamento.

Contardo – Eu, em linhas gerais, encorajo as pessoas a dizerem o que querem.

Maria Homem – Mas isso não é assédio, vale ressaltarmos.

Contardo – Concordo que isso não deveria se chamar assédio.

Maria Homem – Eu também diria assim: saiba o que você quer e saiba dizer o que quer. É simples. Você quer? Então, diga.

Contardo – Concordo, mas não é fácil. Por um lado, se trata de dizer abertamente o que talvez a gente mal consiga dizer para si mesmo. Sem contar que podemos sentir vergonha, pudor, até nojo diante de nosso próprio desejo. Ou angústia, pelo medo de nos desvendar e, por isso mesmo, nos expor a uma negativa sem apelo. É aquela coisa do/da adolescente que treme de desejo, mas prefere transformar seu objeto de desejo em amigo ou amiga, para que aquela relação não acabe, para não se expor ao risco de ser recusado ou recusada.

Além disso, assim que pensamos em dizer nosso desejo (se é que conhecemos nosso desejo), surge o problema de "como" dizer. Pleonasmos, alusões, metonímias e metáforas, a própria omissão pode ser considerada uma forma de confissão.

Maria Homem – Sim, essa é a densa materialidade da fala e da linguagem – justamente nossa matéria-prima na clínica. É difícil mesmo o saber dizer. Como diriam os franceses, estamos no campo de um *savoir-faire*, um saber-fazer que se avizinha com o poder e saber dizer. Mas, como falo sempre, na dúvida, "manda bala". Confia no inconsciente e vai. Segue o fio do desejo.

Contardo – Mas, às vezes, isso é considerado assédio.

Maria Homem – Qual é a diferença entre o assédio e a insistência? Ou o assédio e a positividade? Acho que essa é uma boa pergunta, até para libertar os homens – e as mulheres também. Porque os homens fazem a seguinte piada: "*Pô*, agora estou sendo assediado. A mulherada *tá* fogo, *tá* caindo matando". Ou: "A mulherada *tá* louca *pra* dar, já nem tenho agenda". Isso pode ser uma brincadeira, mas pode vir com angústia. E as mulheres, também, em alguns estratos, têm agora um movimento muito interessante de falar: "Nossa, estou querendo dar hoje. Vamos ver o que tem aqui no Tinder. Hoje vou sair *pra* matar. Pegou quantos, amiga?". Portanto, existe uma liberdade, vamos chamar assim, para todas as partes, que é muito prazerosa, mas que pode gerar angústia depois. Chega um momento em que o homem pode sentir: "Estou perdido. Não sei mais o que quero como homem. Já peguei todas e, agora que estou querendo namorar, ninguém me leva a sério. O que será que fiz de errado? Por que só estou levando fora? *Tô* querendo compromisso e virei o trouxa da parada". Ainda existe essa ideia de que, quando um homem quer uma relação, ele está sendo otário. Instaura-se agora o homem para casar e o homem para transar? E será que ainda existe aquela grande cisão no imaginário masculino de que tem mulher para casar e mulher para transar?

Contardo – Sem dúvida, isso existe, como sempre existiu. Segundo Freud, essa é uma consequência inevitável do Édipo.

Maria Homem – Por quê? Por que isso existe na cabeça dos homens? Vale desenvolver.

Contardo – Vamos dizer de maneira simples: existe uma oposição entre amor e sexo. O primeiro objeto de amor do homem é a mãe. Ela é, ao mesmo tempo, o primeiro objeto de amor e o objeto ao qual o acesso é, em geral, interditado. Até porque existe um animal grande, que é o pai, que impede – ou que deveria impedir – que isso aconteça. O amor, então, traz consigo uma certa dificuldade de acesso ao corpo do outro. Já o sexo pede uma relação com o corpo do outro que seja liberada. Em que se possa morder, arranhar, assoprar, o que for. Isso acarreta uma série de consequências conhecidas, como, por exemplo, a mulher se transformar em mãe aos olhos do marido depois do nascimento dos filhos. Ou ela mesma se transformar em mãe e deixar de ser mulher. Conclusão: o casal para de transar. É grande o número de casais que para de transar depois do nascimento dos filhos.

Talvez o caminho para resolver esse problema seja tentar entender que a dificuldade não está tanto nessa dupla disposição masculina, ou seja, nessa separação entre a mulher e a mãe, ou entre a puta e a mãe – enfim, a mulher com a qual o homem pode transar e aquela que ele ama, mas é intocável. Em vez de pensarmos nessa bipolaridade, que parece muito complicada, visto que ela está próxima de ser uma espécie de consequência do Édipo, acho que é mais fácil imaginarmos que a culpa da dificuldade aqui esteja na nossa crença no amor romântico. Nós temos um ideal do amor romântico que inclui o ideal do sexo romântico. Ou seja, culturalmente, nós acreditamos que o sexo vem junto com o amor, que uma relação sexual que seja expressão de amor é possível. Mas

Nós temos um ideal do amor romântico que inclui o ideal do sexo romântico. Ou seja, culturalmente, nós acreditamos que o sexo vem junto com o amor, que uma relação sexual que seja expressão de amor é possível. Mas isso é um mito literário, fundamentalmente.

isso é um mito literário, fundamentalmente. É um mito do século XIX, *grosso modo*.

Maria Homem – É um mito literário um pouco mais antigo, dos romances de cavalaria, não?

Contardo – Eu não diria isso, porque, nos romances de cavalaria, o cavaleiro e a dama nem transavam. Agora, no funcionamento psíquico tanto dos homens quanto das mulheres, é possível, sim, ter uma tremenda vida sexual com a pessoa que a gente ama. Mas não é possível fazer sexo e amar como se fossem a mesma coisa. Sexo é diferente de amor. Se conseguíssemos não perseguir esse ideal de um sexo amoroso, provavelmente teríamos mais facilidade de lidar com a dualidade. Porque a dualidade mulher/mãe poderia ser distribuída em momentos e tempos diferentes da relação com a mesma pessoa.

Maria Homem – Só que existe aí uma complicação. Porque a clínica revela que o homem, no momento do sexo, precisa de uma puta na cama. Freud já falava da necessidade de os homens rebaixarem o objeto. Agora, não é incomum movimentos de jovens que dizem: "Eu só gozo quando sou amada(o). Só faço sexo com amor, ou no mínimo com um forte interesse pela pessoa, senão me desinteressa". É algo curioso. Tem até uma denominação para isso: demissexuais. Já é uma das letras do nosso glossário de gênero LGBTQA+, que daqui a pouco poderemos chamar de movimento AZ, que vai de A à Z. É algo que só poderia existir por ora, neste momento do andar histórico e da psicopolítica afetiva.

Contardo – Bom, por um lado, é bom não esquecer que essa história de que o amor autorizaria o sexo é um dos caminhos da repressão do desejo feminino. Sabe a ideia de que homem pode querer transar por transar, não precisa amar, enquanto a mulher, não: ela, se é que tem desejo sexual, é só quando ama ternamente? É falsa, mas funcionou durante muito tempo como uma forma de reprimir o desejo feminino no que ele teria de mais inquietante para os homens.

Por outro lado, é possível que algumas mulheres, obedecendo a essa regra (inventada pelos homens) do "sexo autorizado mas só com amor", tenham mesmo inventado uma prática possível de fusão de amor e sexo. E junto com alguns homens, em uma nova "construção de masculinidade". Eu considero que quem está nessa posição conseguiu gozar na realização de uma relação propriamente edípica. Não tem mal nisso, claro, é uma formulação da fantasia como qualquer outra.

Maria Homem – Sim, talvez isso seja mais possível para a mulher do que para o homem. Afinal, como já colocamos, desde *Coisa de menina?*, não deixa de ser diversa a saída edípica para os diferentes sexos ou gêneros. O risco e a ameaça de castração pairam de outra maneira sobre a menina, já que a angústia de uma perda ecoa de forma menos visceral. Na fantasmática feminina, o tabu do incesto dói menos, digamos. Pode-se dizer, então, "me ame, me coma, me penetre. Se você me ama, então me penetre e aí vou gozar". Mas diria que essa é uma equação mais possível no feminino. Não estou dizendo que a mulher só gozaria assim. Essa é também uma construção imaginária e simbólica da nossa cultura, mas que funciona melhor na psique de uma mulher. Por ora. Tal como se apresenta a psicoafetividade, a sexualidade funcionaria assim.

Claro, é curioso que existam esses grupos, hoje. Participei uma vez de um programa de TV que entrevistou várias pessoas, de diferentes sexualidades – *gay* homem, *gay* mulher, trans homem, trans mulher etc. –, para falar dessa divisão estrutural. E tinha um grupo, justamente, demissexual, incluindo homens, que pregava o sexo com amor. É muito interessante para nós, que trabalhamos com esse imaginário, com essas fantasias, ver a explicitação de várias cenas narrativas, vamos chamar assim, várias estruturas fantasmáticas. Não é uma fantasia fixa, ela tem um enredo. Essas narrativas fantasmáticas estão se pulverizando. Tem uma propaganda que é bem didática nesse sentido: "Existe um grupo na internet para você". E isso é fato. Se, por exemplo, o seu gozo é transar degolando um bicho de pelúcia, você vai conseguir achar seu grupo. Por mais peculiar e inusitado que ele possa parecer.

A sexualidade é tão complexa e tão específica, na verdade, tão absolutamente singular, que, mesmo o sexo, quando é hétero e cis – um homem-homem com uma mulher-mulher –, ele é "qualquer coisa", e sempre enigmático. Porque o que está rolando ali, só eles sabem. Na verdade, nem eles sabem. Porque, talvez, eles estejam inconscientemente colocando em cena uma fantasia que é aquela que faz gozar aquela mulher. Fantasia a que talvez ela tenha acesso consciente, mas talvez não. Talvez ela tenha uma fantasia clássica do feminino, que é a fantasia do estupro. É por isso que falar de assédio é complexo. Porque, em alguma medida, "me joga na parede e me chama de lagartixa" é uma expressão que diz do imaginário feminino profundo do homem potente e que desejaria a mulher a despeito de tudo. Talvez a despeito dela mesma. Essa fantasia de se pôr em risco, para se fazer estuprar, por exemplo, não é patológica, não está fora do normal. Aliás, o que seria normal no âmbito das fantasias sexuais? Ou das cenas e das narrativas, não só sexuais, mas das próprias relações? O que seria patológico? Não sei. Eu deixaria esse *pathos* para uma coisa estreitíssima, que é o pacto moderno: patológico é aquilo que faz mal para alguém e que não tem o seu consentimento. Aliás, mais que patologia, isso seria um crime. Esta seria a melhor definição da lei no âmbito moderno: regular o mínimo necessário para que se exerça a mais ampla liberdade dos indivíduos.

Agora, quanto a fazer mal para si mesmo, eu seria radical. Diria: liberem as drogas! No limite de não sair matando nem usando seu carro a torto e a direito, nem o dinheiro do Estado para o socorrer, você é absolutamente responsável por si mesmo. Essa é uma posição liberal radical que eu teria nesse quesito. Mas ganhar dinheiro da maneira mais livre possível e em cima de todo mundo de forma desregulamentada? Não. Eu não teria essa posição ultraliberal em termos dos pactos sociais e da macroeconomia, porque isso sempre implica, de alguma maneira, o uso que se faz do outro. Agora, a droga? Use todas. O sexo? Não sendo crime, use todos. A pedofilia, por exemplo, é crime, justamente porque uma criança está em formação e ainda não é um ser pleno de direito, senhor da sua subjetividade, de forma autônoma, para dizer não. Enfim, em termos sexuais, diferentemente do que poderia supor o imaginário normativo, religioso ou não, são raríssimos os casos que eu colocaria na fronteira do patológico.

Contardo – A pedofilia é crime por uma razão simples: o eventual consenso de uma criança não é um consenso possível. Agora, concordo: não há patologia no sexual; portanto, a patologia é apenas o que a lei proíbe em um estado laico moderno, ou seja, o que seria abuso do outro contra seu consentimento.

Maria Homem – É por isso que eu disse: o patológico é muito estreito. É só quando não está no pacto.

Contardo – É delicado e pode ser paradoxal, porque, para que a fantasia do estupro, por exemplo, se realize, de alguma forma, é preciso que seja contra a vontade da pessoa. Digo, para que o estupro corresponda à fantasia. Portanto, no fundo, não existe uma realização controlada de uma fantasia de estupro. Existe, mas ela fracassa. Porque, na verdade, a mulher que tem essa fantasia não vai ser atacada por um estuprador, e sim pelo michê que ela pagou para que se apresentasse em um beco escuro.

Maria Homem – Tecnicamente, não existe a fantasia bem-sucedida, porque, se foi a pessoa que procurou aquilo de alguma maneira, é, mas não é. É bem complicado. Mas, se a mulher está voltando da faculdade ou do trabalho, cheia de coisas para fazer, filho para cuidar, e é estuprada, isso é diferente de ter a fantasia do estupro ou ficar louca de tesão por um cara que está descontroladamente dando em cima dela na balada, mesmo contra a sua vontade, "porque significa que ele me deseja muito". Pode ser. Podemos tentar interpretar essa fantasia em análise, imaginar que resquícios edípicos haveria nisso – "o outro, mesmo sob o interdito do incesto, me quer e vai fazer de tudo, inclusive me forçar, para alcançar o que ele deseja".

Agora, podemos pensar na relação BDSM. O sadomasoquismo é muito interessante para nos ajudar a entender essas dinâmicas, porque existe uma palavra que é a senha. A pessoa vai, então, até o limite, porque tem um combinado prévio de qual é o gesto ou a palavra que interromperia aquele ato. E muitas vezes essa palavra não é "não", pois ficar dizendo "não" pode fazer parte do jogo. Você diz não, e o outro diz sim, ou atua o sim. Mas tem um momento que pode ser o limite. Por exemplo, se alguém esticar os braços ou as pernas, ou falar "roda-gigante", é porque acabou. É porque o outro já bateu demais e está realmente machucando, no limite do insustentável. Aquelas camas de estiramento seriam quase uma ideia para pensarmos o patológico. Você vai esticando o corpo do outro mais e mais, um centímetro mais, um milímetro mais, mas você não quer quebrar os ossos dele e matá-lo. Você só quer gozar o vendo gozar.

Contardo – Mas isso também não funciona, porque, na verdade, o outro poderia pensar que a essência da realização dessa fantasia seria quando ultrapassasse essa senha.

Maria Homem – Sim, é justamente esse o jogo com o limite e, eventualmente, a travessia dele. Agora, bater, fazer xixi ou cocô em cima do outro, cortar, violentar, tatuar, queimar, estirar, pendurar na corda, isso é patológico? Enfim, o que é patologia? É onde você goza? É a história que você construiu? Mas, se você invadir a senha dada pelo outro e não parar nesse momento, então o seu gozo é mais do lado do perverso. O seu mecanismo basal é um certo estilo de transgressão. Por exemplo, fazer com que o outro confie em você para, nesse momento, enganá-lo, ultrapassando a lei simbólica que está imposta no pacto, isso pode flertar com a perversão.

Contardo – Não sei, não uso a palavra "perversão" para isso, no sentido de ser uma estrutura que goza justamente a partir da transgressão da lei e da colocação do outro no lugar de objeto. E que pode chegar até ao gozo sádico: o prazer vem justamente ao infligir a dor a esse outro que ocupa, assim, o lugar de objeto que eu domino, às vezes de forma total e irrestrita, ao menos na minha fantasia. Agora, no caso do estupro, é preciso dizer que a maioria dos estupradores é impotente. Não há penetração. A maioria dos estupros efetivos é oral ou manual porque o cara não consegue ter ereção. Aliás, a violência do ato deve-se, em parte, a essa frustração. O estupro não é um caminho fácil para o estuprador. É melhor se masturbar em casa pensando que vai estuprar fulana que ele vê passar toda noite. Uma coisa que melhorou a performance dos estupradores foi o Viagra. Aí, efetivamente, o estuprador tem uma chance de se garantir.

Maria Homem – Por que ele broxa, Contardo?

Contardo – Porque ele tem milhares de defesas psíquicas contra aquilo. Não é algo que ele consiga fazer com muita facilidade.

Maria Homem – Não é sem conflito.

Contardo – Agora, por outro lado, existe uma pequena minoria de estupradores cujo núcleo fantasmático é o fato da própria violência: "Estou transando com esta garota que não quer". Mas a fantasia da maioria dos estupradores está ao redor do fato de que a mulher "realmente" desejaria aquilo. É a fantasia de que eles estariam realizando o verdadeiro desejo da menina, o desejo que ela esconde dela mesma.

Maria Homem – O "verdadeiro desejo dela" que não é sem conexão com o que falávamos antes também, de que o homem não cogita não ser desejado. Aliás, não é propriamente que ele não suporta não ser desejado, mas ele está preso à fantasia de ser profundamente amado acima de tudo pela mãe. Este é o imaginário masculino de base,

O homem não cogita não ser desejado.

que o outro primordial, a mãe, “me desejou tanto e eu me visualizo em um lugar tão maravilhoso, do *golden boy*, a tal ponto que nada vai tirar isso de mim. A realidade me disse: ‘Você é um fracassado’, mas minha mãe me ama e aquela vaca me quer, sim. E vou mostrar o quanto ela quer”. Esse é o real falo.

Contardo – Isso explica, por um lado, a insistência masculina, que pode ser, realmente, insuportável.

Maria Homem – O homem clássico, à vontade com essa fantasia fálica, suporta bem melhor a rejeição do que a mulher.

Contardo – Isso justifica o fato que esteve, durante muito tempo, instituído na nossa cultura, de que era o homem quem fazia uma proposta sexual, mesmo que isso consistisse só em dizer: “Vamos jantar, tomar um café, uma cerveja, bater um papo”. Porque o homem tem um lado, desse ponto de vista, completamente de joão-bobo. Ou seja, ele recebe um “não” e volta 15 minutos depois repetindo a mesma proposta para a mesma mulher ou para outra, não tem importância, porque não se sente atingido pela recusa.

Maria Homem – “Azar o dela! Se não quis, tem quem queira. No fundo, mamãe me ama. Tenho certeza disso.”

Contardo – "Minha mãe continua me amando, então, dane-se, vou em frente." Já para a mulher, se expor como desejante e fazer um avanço, uma corte qualquer, é muito mais perigoso, porque, se ela recebe uma recusa, a dor narcisista é muito maior. A mulher tem dúvidas quanto ao amor da mãe, não tem essa certeza de ser exatamente o que a mãe queria, como o menino tem. Erroneamente, mas ele tem. E o pai, como diria o ditado, é sempre incerto...

Maria Homem – Fora que existe uma rivalidade feminina de base. Muitas vezes, a mãe diz: "Filha, você penteou o cabelo? Mas você vai sair com essa roupa? Não quer se arrumar melhor? Você engordou?". Existe, então, uma relação mãe-filha bem mais ambivalente do que a relação mãe-filho, que está na base de todos esses percalços no sexo.

Contardo – Isso explica por que o homem pode ser tremendamente mais insistente e mais resistente.

Maria Homem – Mais resistente narcisicamente.

Contardo – Imagino que só pode ter sido um homem quem inventou o beijo na boca na balada. A mulher diz "não", e o cara: "Ah, tanto faz, vou na próxima"...

Maria Homem – Quem inventou o Tinder também.

Contardo – No Tinder, também os homens lidam bem melhor com o fato de não receberem um *like*.

Maria Homem – Os homens às vezes se queixam de que é a mulher que escolhe. Mas não é bem assim. É que o homem vai dando *match*, *match*, *match* e o que cair na rede é peixe. E a rede é grande. Já para a mulher, o escopo é muito mais restrito: "Deixe-me ver os *matchs* que eu recebi. Esse é para isso, esse é para aquilo. Esse tem futuro, então, vou dar uma resposta daqui a dois dias". Ou seja, "esse cara aqui me interessa, e pode virar uma relação mais interessante que uma trepada casual, então quero fisgá-lo, logo, não posso explicitar meu desejo tão facilmente e baratear meu preço (valor) nesse mercado. Qual seria a estratégia? Ah, sim, vamos devagar aqui e deixá-lo me valorizar e me querer". Assim, é colocado em ação o tal do cálculo neurótico, que é o que nos ajudaria imaginariamente a lidar com o enigma do desejo.

E aqui eu teria uma pergunta, já que estamos falando de forma ampla sobre diferenças estruturais e outras conjunturais e históricas dos lugares masculino/feminino e dos percalços das relações: haveria uma guerra entre os sexos?

Contardo – A minha resposta seria que não. Houve, sim, uma tremenda guerra cultural contra o feminino (e contra as mulheres que se aventurassem a desejar, 60 mil bruxas torturadas em plena Renascença que o digam). Mas houve também uma guerra cultural contra a sexualidade masculina. Ou melhor, a guerra contra o feminino, a negação do desejo e da sexualidade femininos, foi desencadeada porque a mulher era identificada como a responsável pelo descontrole do desejo masculino.

Maria Homem – Sim, mas pensando agora nesse jogo, nas relações entre seres sexuados, o primeiro ponto de uma guerra, talvez, é como a mulher vai fazer para o cara se casar com ela. E como o cara vai fazer para escapar da mulher que quer se casar com ele. Então, no mínimo, diz a lenda, o cara quer sexo e a mulher quer compromisso. Como interpretar essas narrativas que funcionam como um clichê e hoje alimentam inúmeros memes?

Contardo – Não tenho nada contra clichês.

Maria Homem – Eu também gosto de clichês. Mas esse é um clichê falso ou verdadeiro? Ou seja, faz sentido? Porque clichê é um condensador de verdade.

Contardo – Os homens são tão casamenteiros quanto as mulheres, contrariamente ao que se imagina. Não fogem das mulheres que parecem querer se envolver com eles, eles fogem de seu próprio desejo de se envolver com elas.

Maria Homem – "Estou com você, mas na superfície." Os homens têm muito trabalho para lutar contra a gangue, que fala: "Cara, sério, você vai se comprometer? Vai se prender? Se deixar enredar?".

Contardo – Sim, e, na verdade, eles esperam o telefonema do dia seguinte tanto quanto as mulheres. E eles têm tendência a ser casamenteiros, só que de maneira precipitada, muito mais do que as mulheres, que possuem uma sabedoria prática maior. Elas não se lançam em uma empreitada desse tipo sem ter, pelo menos, testado um pouco. Esse é um primeiro ponto. Outro ponto é que, contrariamente ao que dizem as piadas e a sabedoria popular, as mulheres são tão infiéis quanto os homens. É claro, teríamos que especificar um pouco o que se define como infidelidade, mas a ideia de que os homens seriam infiéis e as mulheres, fiéis não corresponde a nenhuma realidade clínica.

Maria Homem – Isso é muito importante de ser dito. Mesmo os melhores evolucionistas hoje estão revendo suas teorias pseudobiologizantes. Na espécie humana, que não tem cio programado, o desejo está solto e as pessoas se cruzam e transam.

Contardo – As mulheres são infiéis com a mesma frequência e das mesmas maneiras que os homens, quer seja com amantes fixos, quer seja com amantes esporádicos, embora recorram menos à prostituição, por alguma razão que não sei bem qual é.

Maria Homem – Quando o ambiente cultural for propício, vou fazer um aplicativo, um *Rappi Men.* [Risos.]

Contardo – Mas a oferta é grande, existe um monte de michês. É claro que é um mercado que não se compara nem de longe à prostituição feminina, e está estritamente na internet. Acho que as mulheres sentem medo, porque tem todo o problema de convidar para casa alguém que elas não conhecem.

Maria Homem – E também tem o álibi do medo, medo do corpo, de doença, gravidez.

Contardo – São razões mais fantasmáticas do que outra coisa. As mulheres têm toda uma série de medos. Elas têm medos e inibições até para entrar no Tinder, mas, ao mesmo tempo, estão cada vez mais lá. Estão um passo aquém de contratar um profissional. Mas acho que o Tinder é um instrumento extremamente interessante, sobretudo para mulheres dos 50 aos 80. Eu vejo isso nas minhas pacientes.

Maria Homem – Por que esse preconceito com depois dos 80?

Contardo – Não é preconceito, é a realidade.

Maria Homem – Mas o mundo está mudando, ora bolas! Quem sabe esse limite esteja no imaginário dos caras.

Contardo – Tenho uma paciente de setenta e poucos anos que está no Tinder e transa toda semana. Mas, acima de 80 anos, não sei de ninguém.

Maria Homem – Bom, vamos ver se o universo se abre.

Contardo – De qualquer modo, a infidelidade feminina – embora eu não goste da palavra "infidelidade" – é equivalente à masculina. As pessoas às vezes fazem essa contraposição, dizendo que "os homens são galinhas" e não sei o quê, mas ela não corresponde a nada. A realidade é que os homens são tão casamenteiros quanto as mulheres, só que, efetivamente, eles são muito mais enfermos no manejo da vida prática. Eles não conseguem armar uma relação com a mesma habilidade de uma mulher. Talvez eles se percam no próprio desejo de fazer isso.

Paternidade e um novo ideal de homem

Maria Homem – Um último tópico que merece destaque é a paternidade. A evasão parental é muito comum por parte dos homens. Eles tratam a gestação e a parentalidade como se fossem coisa de mulher, e abandonam os filhos com a maior facilidade. Existe há décadas uma discussão sobre isso, que passou inclusive ao nível jurídico, tendo se tornado um projeto de lei que foi posteriormente incorporado ao Estatuto da Criança e do Adolescente (ECA).* Trabalha com a ideia, inédita e surpreendente do ponto de vista subjetivo, de que o "abandono afetivo" de

* Em 2015, foi aprovado no Senado o Projeto de Lei n. 700/2007, que aguarda aprovação do Congresso Nacional e prevê reparação de danos por parte do pai ou da mãe por abandono afetivo dos filhos. (N.E.)

filhos menores causa danos, foge da responsabilidade civil e, portanto, pode e deve ser tipificado como crime. Mas isso ainda não é colocado em prática como deveria, e, na realidade, inúmeros homens não se implicam com suas crias como deveriam. É como se fosse muito difícil ainda para a cultura aceitar que o homem é tão responsável quanto a mulher pela procriação e pela reprodução da vida. Você acha que isso tende a diminuir?

Contardo – Acho que, em parte, não vai diminuir, porque, no fundo, a paternidade é muito frágil, no sentido de que não tem aquele nível de certeza concreta e corporal da maternidade.

Maria Homem – A maternidade é um fato real e inelutável, inexorável.

Contardo – Absolutamente. É uma extensão do corpo da mulher, que sai dela. Mas, embora hoje existam técnicas muito sofisticadas para a identificação do pai, no fundo, eu sou o pai se a mãe diz que sou. A não ser que a gente comece a fazer exame de DNA a cada 15 minutos, mesmo assim, ainda é a palavra da mãe que torna o homem pai. Ela pode fazer valer essa palavra nos tribunais, eventualmente, se o homem disser: "Não, não tenho nada a ver com isso". Não estou desculpando os homens, estou tentando entender qual é a fragilidade disso. Porque, de repente, se o homem para de amar essa mulher ou, ao contrário, ela o deixa de amar, o homem considera que ele se separa também dos filhos que teve com ela. É como se o amor dele pelos filhos fosse tão sujeito à palavra da mãe quanto a própria paternidade: "Se ela não me ama mais, ou se eu não a amo mais, não sou mais o pai".

A relação do pai com o filho parece estar sempre mediada, em alguma medida, pela relação do pai com a mulher que é mãe de seus filhos. É claro, a lei se opõe a isso, com toda razão; também as coisas mudaram bastante (tem muitos pais separados que são pais-coruja), mas a ideia ainda resiste. Por outro lado, uma das consequências da mudança em questão é que tanto a mãe quanto o pai podem vir a querer uma relação única com os filhos, como se o outro genitor, depois de eles separados, só atrapalhasse a relação com a criança. Essa é a raiz das preocupações com alienação parental.

A relação do pai com o filho parece estar sempre mediada, em alguma medida, pela relação do pai com a mulher que é mãe de seus filhos.

Maria Homem – No Brasil, há um matriarcado empobrecido gigantesco. O homem não abandona só na gravidez, mas na separação também. Isso é muito sofrido para as crianças e, às vezes, para a mulher. Ela já não está mais aguentando aquele cara, tem que se libertar daquela relação e ainda fazer o luto dele como pai dos filhos, porque ele se revela um crápula. E isso faz mal para os filhos, porque o homem simplesmente abandona, corta o vínculo.

Contardo – Sim, o homem desaparece porque, cortando o vínculo com a mulher, ele acha que corta o vínculo com os filhos também. Porque, no fundo, os filhos são dele porque a mulher diz que são. Portanto, é o amor por aquela mulher e daquela mulher por ele que sustenta o vínculo da paternidade. Talvez tivéssemos que pensar nisto, que a paternidade é sustentada pela palavra da mãe.

Maria Homem – Podemos dizer, então, que as mães não estão sendo muito convincentes?

Contardo – Não é isso. [*Risos*] É que o casal se separa, e a mulher refaz a vida com outro homem.

Maria Homem – Mas aí, coração, o filho continua sendo seu. Ele precisa de você. Você é o pai, não tem desculpa.

Contardo – É o que diz a lei, aliás, e nem sonho em discordar disso. Mas me importa entender o que acontece na mente do pai que some. Se podemos lhe dizer, hoje: "Sabemos que o pai é você", é como se ele fosse responsável só pelo real. Não gosto muito disso, porque, de fato, acho que a paternidade continua sendo, para todos nós, uma questão simbólica, mais que real. Desse ponto de vista, faria mais sentido uma solução assim (é claro que nem imagino que possa ou deva ser implementada): se a mulher se separa e se casa com outro, os filhos passam a ser dele. Eu sei que isso parece um pouco extremo e brutal. Mas é interessante notar que a relação dos segundos ou terceiros maridos com filhos de casamentos anteriores funciona bem, na média, tanto do lado dos novos maridos quanto do lado dos filhos.

A recíproca não é verdadeira, obviamente. Uma mulher não teria como assumir facilmente os filhos do casamento anterior do marido. Primeiro, porque a maternidade é real demais para que uma transição desse tipo seja fácil ou mesmo possível. Segundo, porque há sempre um fundo de rivalidade entre a nova mulher e os filhos anteriores (como Freud descobriu, o amor feminino é sempre um pouco filial – o Édipo feminino, o amor pelo pai, nunca se resolve totalmente).

Maria Homem – Mas você estaria a fim de assumir os filhos de uma mulher com outro homem?

Contardo – Sim, acho que a maioria toparia isso. Acontece, de fato.

Maria Homem – Mas acontece também de muitos homens evitarem relações com mulheres que têm filhos, porque não são filhos dele.

Contardo – Sim, porque eles não querem assumi-los. Mas não querem assumi-los também porque continuam sendo filhos de outro homem. Seria mais fácil se se tornassem simbolicamente filhos deles. Mas um fato interessante é que os homens, em geral, se dão bem com filhos de casamentos anteriores das mulheres com quem eles se casam. Já as mulheres não se dão bem com os filhos de casamentos anteriores dos maridos. Isso não sou eu que digo, mas toda a literatura dos contos de fada. A madrasta é a vilã em essência.

Maria Homem – Mas você acredita nessa figura da madrasta? Hoje em dia tem tanta madrasta legal! Tem tanta criança que ama "a mamãe e a fulana", a beltrana. Há um movimento que, inclusive, cunha o termo "boadrasta". E também "madrastidade", para se referir a esse tipo peculiar de maternidade, prática e simbólica.

Contardo – Ainda espero que os irmãos **Grimm** escrevam alguma coisa sobre a "boadrasta". Até aqui, escreveram só sobre a madrasta.

Maria Homem – Você está muito cético, Contardo.

Contardo – Acho que a mulher entra em uma rivalidade direta com os filhos do primeiro casamento do marido. Se puder empurrá-los para dentro de um poço e colocar uma tampa em cima, ficará feliz.

Maria Homem – Ou jogar da janela. De vez em quando, uma faz isso.

Contardo – Na madrasta, não boto muita fé.

Maria Homem – É mesmo? Não é o que escuto.

Contardo – Tudo bem, estou exagerando. Não é o que escuto também, mas é o que vivi. Em matéria de madrasta, tenho uma *long story*. Mas o que interessa aqui é que isso demonstra que existe uma profunda diferença entre o papel masculino e feminino nessa história. O homem lida bem com os filhos do casamento anterior da mulher, porque, afinal, tem uma relação simbólica com eles: "São meus porque minha mulher me ama e eu a amo. Vamos criá-los juntos". Agora, se o casal deixa de existir: "Quem são esses meninos?". Mas aí o homem se casa com outra mulher que tem filhos: "São meus". Essa dinâmica é muito frequente.

Maria Homem – Não sei se esse "muito frequente" é o que escuto...

Contardo – É frequente a boa aceitação pelo homem dos filhos do casamento anterior da mulher.

Maria Homem – Concedendo isso, você não diria que há uma transformação em jogo?

Contardo – De que lado?

Maria Homem – De todos os lados. Inclusive de um conceito de família diferente, mais complexo, mais plural. Acho que a família vai ser multifacetada, e isso nas melhores famílias, digamos. No Natal, todo mundo vai poder se reunir: os ex, os atuais, os filhos de um, os filhos do outro, a "mãedrasta". Vamos todos fazer um grande coletivo. Sempre harmônico? Não necessariamente. Mas talvez agora o conflito seja mais se você é de direita ou de esquerda. Isso atropela mais o Natal em família do que: "Vamos convidar o seu pai?". Aí, vem o pai com a nova mulher e o bebezinho que tiveram. Não é mais algo tão incomum. Há 50 anos, isso não aconteceria, seria da ordem do inadmissível. Então estamos vendo – vivendo – uma mudança profunda no próprio conceito de reunião de pessoas e de várias gerações.

Acho que, no melhor cenário, vamos conseguir incorporar todo mundo, ou ao menos quem a gente quiser, e para além do dia de Natal, para além dos rituais e da fotografia em que o homem posa de bom pai. Porque, no Natal, até o cara que não está tão presente aparece e leva uma lembrancinha. Agora, no cotidiano, acho que tudo o que estamos falando remete também à construção de um "novo homem" que possa vir a ter prazer em ser pai. A ter prazer em cozinhar, trocar fralda, buscar os filhos na escola – saber onde é a escola. O que meu filho está aprendendo? Do que ele gosta de comer? Aliás, do que ele gosta? O homem não precisa mais fugir desse lugar. Antes, ele era homem enquanto tinha o pau duro e fecundava a fêmea. Pronto, ele garantia o seu lugar como homem, e tudo o que vinha depois dizia respeito à mulher. Hoje, não mais.

Está acontecendo uma transformação inegável nos papéis de gênero e, consequentemente, no conceito de família. E isso só pode existir porque homens e mulheres não são mais o que eram, o que foram ensinados a ser e mesmo o que estavam habituados a ser. Aqueles papéis que foram desempenhados por décadas, séculos, não estão colando mais tão bem. Como estamos falando desde o início da conversa, há hoje uma maior aproximação dos homens de

Está acontecendo uma transformação inegável nos papéis de gênero e, consequentemente, no conceito de família. E isso só pode existir porque homens e mulheres não são mais o que eram, o que foram ensinados a ser e mesmo o que estavam habituados a ser.

um conceito antes dominado pelo feminino, por culpa da cultura e também das mulheres e deles próprios, que é: "Tire a mão da minha panela! Da minha comida, eu entendo. Saia daqui, porque você não sabe fazer. Eu faço mais rápido".

Contardo – Não sei. Talvez o homem conseguir ser pai concretamente, gostar disso, seja um indício da transformação da paternidade. A paternidade nunca vai ser real como a maternidade, mas ela pode ser concreta (seja lá o que isso significa em relação à diferença entre real e simbólico).

Maria Homem – Sim, esse homem abandona menos os filhos.

Contardo – Talvez.

Maria Homem – Com certeza. Ele vai à reunião da escola, viu o filho aprender a escrever, limpou o bumbum dele. Ficou fascinado diante do primeiro sorriso do filho, com um ou dois meses de idade. Fez até um *blog* e criou um perfil no Instagram para contar do maravilhamento (e do ineditismo, de certa forma) dessa experiência. Não existe isso? Inúmeros pais jovens seguem essa toada, o que revela uma mudança e novas configurações de modelos identificatórios da parentalidade, de modo geral, e da paternidade. Esse pai tem uma conexão com o filho, tem uma relação emocional, simbólica e concreta, cotidiana e profunda. Mesmo que o casal se separe, acho pouco provável que esse cara abandone o filho.

Para colocar em termos sucintos, acho que está nascendo um novo ideal de masculinidade. Há revistas, *sites*, como o Papo de Homem,* ou programas na TV, como Papo de Segunda,** que buscam ajudar a simbolizar esse novo lugar de um "novo homem", mais ligado aos afetos, às crias, ao universo privado (e não somente público). Um pai que pode ser um paizão, e achar isso muito interessante. É um novo ideal de masculinidade que está surgindo, menos viril, menos guerreiro do que já foi e mais sensível, mais ligado à casa, aos quadros, aos lustres, aos móveis, às crianças, à maternagem. Não é o americano clássico que corta a grama do jardim *and that's it*, é o cara que realmente fala: "Não, eu vivo aqui. Como eu gostaria que esse canto da sala fosse?". É uma ocupação de espaços. O homem começa a achar interessante ocupar esse território antes estritamente feminino do campo do privado e do doméstico. E das relações íntimas também. Eu diria que isso está vindo aí, sim.

No consultório, é muito claro, vários homens falam: "Reconheço em mim o machismo. Estou querendo me

---

* Disponível em https://papodehomem.com.br. (N.E.)

** No canal pago GNT. (N.E.)

investigar, estou querendo me 'desconstruir', ser um cara legal. Não quero ser escroto". É claro que esse processo de desconstrução não é óbvio e engendra, inclusive, várias piadas e ironias ("olha aí o *desconstruidão* posando de bacana, fazendo pose e tirando foto de 'como sou pai legal'"). Mesmo assim, com ires e vires, eu diria que é um corte em nossa forma de ver e viver, para todos os gêneros.

Contardo – Sim, há mesmo uma mudança cultural concreta nesse sentido. Será que isso pode nos fazer esperar uma reorganização das relações entre masculino e feminino na cultura ocidental? Também me pergunto o que vai sair dessa mudança: como se sairão as crianças de pais amigões?

Maria Homem – O que estou dizendo é que há um questionamento. É a crise da masculinidade de que estamos falando, e ela vem junto com uma grande pergunta, que é: o que é ser um cara legal? O que é, afinal, ser homem? O que pode querer um homem? Ele pode ser tudo e pode querer tudo. E tem ideais de um homem legal, um cara bacana, para além de bolhas. A novela fala disso, a mídia de massa também. Está nos jornais.

Contardo – Eu acho que o homem vai continuar sendo, apesar de tudo, **Franz Kafka**, que é um bom exemplo de masculinidade.

Maria Homem – Nossa, outro cara peculiar! Eu amo o trabalho dele, mas o que ele fez com **Felice Bauer**? O que foi aquilo? Pediu em casamento, voltou atrás, pediu de novo...

Contardo – A correspondência dele com Felice é absolutamente incrível.* É perfeita.

Maria Homem – Sim, e me marcou muito na adolescência. Mas ela era paciente demais. Se fosse hoje em dia, era só dar uma passada no Tinder.

Contardo – Mas, enfim, Kafka tem um conto curto, de um parágrafo só – aliás, um parágrafo de grande maestria da língua –, que cito sempre, porque acho maravilhoso, que se chama "O passeio repentino". É praticamente uma única frase, que começa com uma situação hipotética: você chega em casa cansado, em uma noite de chuva e frio, tira os sapatos molhados, veste as suas pantufas e o seu roupão preferido, sacode o carvão, senta-se ao lado da estufa e pega seu livro favorito, coloca seus óculos e, então, toma um pequeno drinque. Você está se sentindo muito bem, está em casa, abrigado, olha pela janela e, de repente, se sente compelido a levantar, recolocar os sapatos, vestir o sobretudo e sair sem nenhuma razão importante. Você sai

* Entre 1912 e 1917, Kafka e Felice Bauer trocaram centenas cartas que evidenciavam um relacionamento bastante turbulento. (N.E.)

para caminhar pela rua deserta e fria e, então, vai saber o que é *Die Freiheit*, a liberdade. E Kafka diz algo engraçado do ponto de vista da gregariedade masculina: "Essa sensação vai ser sentida de maneira particular se você for visitar um amigo". Acho que essa é uma descrição quase perfeita da masculinidade.

Maria Homem – Existe um movimento de aventura, de lança, de se jogar para fora, de busca, que, por falta de palavra melhor, chamamos de "masculino". E tem um outro movimento, do laço, do diálogo, da casa, da cria, da reprodução, que chamamos de "feminino". Esses dois grandes movimentos, talvez, sejam historicamente mais ligados a um gênero do que a outro. Mas, pessoalmente, me identifico bastante com essa veia um pouco irrequieta da aventura e da busca. Acho que há várias mulheres que fazem isso, e cada vez mais sem culpa. São os movimentos em prol da independência, da carreira, do dinheiro, *child free*, sem filhos. Liberdade. Ou a mulher tem filhos e "larga com o pai", como se diz, sai de casa e deixa o pai criar os filhos. Essa é uma expressão da cultura que ainda choca. Mas eu diria que, então, por ora, tudo bem falarmos em *coisa de menino* e *coisa de menina*.

Contardo – É muito mais chocante a mãe abandonar o filho do que o pai fazer isso.

Maria Homem – Lógico. Evasão parental de pai-homem é um problema. Agora, evasão maternal significa, para muitas pessoas, que a mulher é louca, que está em depressão pós-parto tardia. Que deve ser apedrejada na rua.

Estamos falando de grandes impulsos da alma humana, que é o partir e o ficar. E que, assim como todos temos um corpo e todos somos desejantes, todos temos esses dois grandes impulsos dentro de nós.

Contardo – Concordo. O chamado do mundo e o chamado da casa são movimentos da alma.

Maria Homem – São movimentos assexuados e paradoxais da alma.

Contardo – E no conto de Kafka, ele não está em casa com Felice. Ele está em casa sozinho.

Maria Homem – Sim. E eu consigo sentir esse conto. Eu o vejo na minha trajetória, no meu jeito de fazer. E talvez isso seja *coisa de nada*. Porque, talvez, a gente esteja se desprendendo da sexualização de grandes movimentos da alma. E quem sabe os tenhamos sexualizado como uma estratégia de oposição simbólica: presença e ausência, positivo e negativo, sol e lua, ativo e passivo, masculino e feminino. Agora, não precisamos mais disso e podemos incorporar diversos aspectos em nós.

Contardo – Isso é possível. Isso, para mim, é uma visão do futuro. Seria muito interessante.

Maria Homem – Sim, vislumbro algo nessa direção. Vamos, então, terminar de bem.

Glossário

Alighieri, Dante (1265-1321): Escritor italiano nascido em Florença. Algumas de suas obras mais importantes são *Vida nova* e *Divina comédia*. Na primeira, Dante narra a história de seu amor platônico por Beatriz. A segunda é sua grande obra: trata-se de um poema alegórico filosófico e moral que resume a cultura cristã medieval.

Ardern, Jacinda (1980): Foi primeira-ministra da Nova Zelândia pelo Partido Trabalhista, de 2017 a 2023, sendo a mulher mais jovem a ocupar esse cargo na história.

Bauer, Felice (1887-1960): Nascida na região da atual Polônia, ficou famosa pelas cartas trocadas com o escritor Franz Kafka, de quem foi noiva. Viveram um relacionamento intenso e conturbado, que acabou chegando ao fim após anos de idas e vindas.

Castro, Fidel (1926-2016): Grande líder para uns, ditador implacável para outros, esteve à frente da Revolução Cubana, assumindo o controle do país em 1959. Governou a República de Cuba como primeiro-ministro até 1976 e, depois, como presidente de 1976 a 2008. Em sua administração, estabeleceu um Estado socialista unipartidário, promoveu a reforma agrária e a nacionalização da indústria.

Einstein, Albert (1879-1955): Físico e matemático alemão, radicado nos Estados Unidos, sua Teoria da Relatividade modificou definitivamente as ideias a respeito do espaço, do tempo e da natureza do universo. Recebeu o Prêmio Nobel de Física em 1921.

Freud, Sigmund (1856-1939): Médico neurologista e psiquiatra austríaco, ficou conhecido como o "pai da psicanálise" por seu pioneirismo nos estudos sobre a mente e o inconsciente. Defendia a tese de que há uma relação entre histeria e sexualidade e estudou o impacto dos traumas sofridos na infância para a vida mental adulta. Sua obra é objeto de questionamento até hoje, mas ainda exerce muita influência na área.

Hegel, Georg Wilhelm Friedrich (1770-1831): Filósofo alemão muito influente, defendia que o mundo constitui um único todo orgânico, no qual tudo está relacionado. Uma de suas principais obras é *Fenomenologia do espírito*, que explora o processo pelo qual a consciência se desenvolve desde uma forma inicial de percepção até alcançar um estado de autoconsciência e, eventualmente, de saber absoluto.

Grimm (irmãos): Pesquisadores, filólogos e escritores alemães, Jacob Ludwig Carl (1785-1863) e Wilhelm Carl Grimm (1786-1859) são mundialmente reconhecidos como autores de obras-mestras consagradas na literatura infantil, tais como *João e Maria* e *Branca de Neve e os sete anões*.

Guevara, Ernesto "Che" (1928-1967): Médico graduado, nascido na Argentina, ficou conhecido por sua atuação na guerrilha política que buscava depor governos autoritários. Esteve ao lado de Fidel Castro na Revolução Cubana, que culminou com a instauração de um novo regime político, de orientação socialista, naquele país. Lutou no Congo e na Bolívia, onde foi capturado e assassinado pelo exército boliviano em colaboração com a CIA, o serviço de inteligência americano.

Ing-Wen, Tsai (1956): Foi presidente de Taiwan de 2016 a 2024, sendo a primeira mulher a ocupar esse cargo no país. Membro do Partido Democrático Progressista, em seu mandato defendeu os direitos das minorias e a igualdade de gênero. Sob sua liderança, Taiwan se tornou o primeiro país da Ásia a legalizar o casamento entre pessoas do mesmo sexo.

Kafka, Franz (1883-1924): Quase desconhecido em vida, a maior parte da obra desse escritor nascido em Praga – novelas, romances, contos, cartas e diários – foi publicada postumamente. *O processo*, *A metamorfose* e *Carta ao pai* são alguns de seus principais trabalhos. É considerado um dos maiores escritores do século XX. Viveu uma relação intensa e conturbada com Felice Bauer, de quem chegou a ficar noivo, porém nunca se casou.

Lacan, Jacques (1901-1981): Psicanalista francês, propôs um retorno às ideias de Freud, focando seus estudos na manifestação do inconsciente como linguagem. Desenvolveu o conceito de estádio de espelho, que trata dos mecanismos para a constituição do "eu".

Merkel, Angela (1954): Política alemã, foi a primeira mulher a ocupar o cargo de chanceler da Alemanha, de 2005 a 2021. Ela é amplamente reconhecida como uma das líderes mais influentes do mundo durante seu mandato, por sua abordagem conciliadora e pragmática.

Ovídio (c. 43 a.C.-17 d.C.): Poeta romano, sua obra passa pelo erotismo e pela mitologia. Entre outras produções, escreveu *A arte de amar*, uma espécie de guia sobre amor e sedução, com conselhos que não correspondiam à austeridade moral da época. Foi banido de Roma e teve suas obras proibidas, o que, no entanto, não afetou sua popularidade.

Petrarca, Francesco (1304-1374): Poeta italiano, é considerado o pai do Humanismo. É mais conhecido por seu livro *Cancioneiro*, uma coleção de poemas líricos dedicados a uma mulher idealizada.

Rousseff, Dilma (1947): Filiada ao Partido dos Trabalhadores (PT), foi a primeira mulher da história do Brasil a ser eleita para a Presidência da

República. Ocupou o cargo entre 2011 e 2014. Foi reeleita, mas teve o segundo mandato interrompido por *impeachment* em 2016.

Safo (c. 630 a.C.-570 a.C.): Poeta grega da ilha de Lesbos, sua obra é marcada pelo lirismo e por exaltar o amor entre mulheres, tendo se tornado por isso um ícone do relacionamento homossexual feminino.

Thatcher, Margaret (1925-2013): Primeira-ministra do Reino Unido entre 1979 e 1990, foi líder do Partido Conservador e, durante seu governo, criou políticas econômicas liberais que desregulamentaram o setor financeiro, flexibilizaram o mercado de trabalho e privatizaram algumas empresas estatais.

Tito Lívio (59 a.C.-17 d.C.): Historiador romano, ficou conhecido por sua obra *Ab Urbe condita libri*, que narra a história de Roma desde sua fundação.

Wallon, Henri (1879-1962): Psicólogo francês, ficou conhecido por suas contribuições no campo do desenvolvimento infantil. Defendia a formação integral do ser humano e foi pioneiro ao trazer as emoções para o centro da discussão, enfatizando sua importância na constituição do "eu".